Tiny House Movement

Lisa Maile

Münchner ethnographische Schriften

Kulturwissenschaftlich-ethnologische Untersuchungen
zu Alltagsgeschichte, Alltagskultur und Alltagswelten in Europa

Band 32

herausgegeben vom
**Institut für Empirische Kulturwissenschaft und Europäische Ethnologie
der Ludwig-Maximilians-Universität München**

INSTITUT FÜR EMPIRISCHE KULTURWISSENSCHAFT
UND EUROPÄISCHE ETHNOLOGIE

Tiny House Movement

Alternative Wohn- und Lebensformen
als Ausdruck einer Postwachstumsstrategie

Lisa Maile

utzverlag GmbH · München

Coverillustration: Florian Mittag
Layout: Tomislav Helebrant

Lisa Maile, M.A.
hat zunächst ein B.A. Studium der Sozialen Arbeit an der Hochschule München abgeschlossen. Anschließend widmete sie sich dem Studium der Empirischen Kulturwissenschaft und Europäischen Ethnologie an der LMU München, welches sie 2019 been-
dete. Ihre Interessensgebiete und Forschungsschwerpunkte umfassen die fachspezifi-
schen Bereiche der kulturwissenschaftlichen Raum- und Protestforschung, der Visuel-
len Anthropologie und des Ethnografischen Dokumentarfilms.

Bibliographische Information der Deutschen Bibliothek
Die Deutsche Nationalbibliothek verzeichnet diese Publikation in der Deutschen
Nationalbibliografie; detaillierte bibliografische Daten sind im Internet über http://dnb.
ddb.de abrufbar.

Copyright © utzverlag GmbH · 2020

ISBN: 978-3-8316-4862-7

Printed in Germany

utzverlag GmbH, München
089-277791-00 · www.utz.de

Mix
Produktgruppe aus vorbildlich
bewirtschafteten Wäldern,
kontrollierten Herkünften und
Recyclingholz oder -fasern

Zert.-Nr. GFA-COC-1229
www.fsc.org
© 1996 Forest Stewardship Council

„Dieses Softcover wurde
auf FSC-zertifiziertem
Papier gedruckt. FSC (Forest
Stewardship Council)
ist eine nichtstaatliche,
gemeinnützige
Organisation, die sich
für eine ökologische und
sozialverantwortliche
Nutzung der Wälder
unserer Erde einsetzt."

Vorwort

Betrachtet man die aktuell hitzige Diskussion um den Klimawandel sowie die damit verbundenen politischen Versäumnisse, kann gegenwärtig ein zunehmendes Bewusstsein hinsichtlich der Grenzen des Wachstums, der endlichen Verfügbarkeit von Ressourcen und planetarischen Grenzen festgestellt werden. Die Auswirkungen machen sich jedoch nicht nur auf politischer Ebene bemerkbar, sondern zeigen sich auch vermehrt in veränderten Handlungsimpulsen innerhalb gesellschaftlicher Gruppierungen. Der sich wandelnde kulturelle Habitus verleitet immer mehr Menschen dazu, die Notwendigkeit zu erkennen, sich einer *Green Economy* zuzuwenden. Aus dieser Notwendigkeit heraus entstehen vermehrt neue alternative Bewegungen, die ihren Fokus auf Nachhaltigkeit richten.

In den letzten Jahren beschäftigte ich mich verstärkt mit ethnografischen Fragestellungen, die sich an Themenfeldern der Nachhaltigkeit orientierten. Durch die demokratische Projektutopie der Tinyhouse University (TinyU) auf dem Bauhauscampus in Berlin wurde ich auf das minimalistische Wohnkonzept der *Tiny Houses* aufmerksam und setzte mich zunehmend mit dem damit verbundenen globalen Gesellschaftstrend des *Tiny House Movement* auseinander. Das neuartige Phänomen, welches seine Ursprünge im angloamerikanischen Raum hat, zielt dabei nicht nur auf das minimalistische Wohnen ab, sondern geht ferner mit minimalistischen Lebensentwürfen der AkteurInnen einher. Somit wurde in der ethnografischen Studie die Frage aufgeworfen, inwiefern das Engagement und der Trend hin zu alternativen Wohnformen, wie den *Tiny Houses,* Ausdruck der Kritik am politischen System und der damit einhergehenden Konsum- und Wachstumsgesellschaft ist. Weiterhin sollte beantwortet werden, ob durch eine nachhaltige, minimalistische Lebensweise und die Reduzierung des Lebens auf einen kleinen Wohnraum der Versuch angestrebt wird, im Sinne einer Postwachstumsstrategie, eine systemkritische Antwort auf die gesellschaftliche und politische Gegenwart zu formulieren. Vor dem Hintergrund dieser Fragen untersuchte ich in einer qualitativen Studie die individuellen Motive von sechs AkteurInnen, die sich dem *Tiny House Movement* verschrieben haben. Dabei geriet nicht nur die intrinsische Motivation der einzelnen AkteurInnen in den Blick, sondern auch die Analyse des gesellschaftlichen Charakters der Bewegung.

Dass ich diese tiefen Einblicke in die Welt des minimalistischen Wohnens erhalten konnten verdanke ich vor allem meinen GesprächspartnerInnen, die mir die Türen zu ihren *Tiny Houses* geöffnet haben und mir Einblicke in ihre Projekte und Visionen sowie ihren persönlichen Lebensalltag ermöglichten. Ich danke auch Dr. Daniel Habit für die konstruktive und hilfreiche fachliche Betreuung während des Schreibprozesses. Ebenso danke ich meinen Studienkolleginnen Marcia von Rebay, Anne Dietrich und

Libuše Vepřek für ihre Unterstützung und die Durchsicht. Für Korrektur und Anmerkungen möchte ich mich bei Sebastian Maile, Jasmin Wasl und Alexander Schäffler bedanken. Einen großen Dank möchte ich auch an Florian Mittag für die wunderbare Illustration des Buchcovers aussprechen. Ein weiterer Dank geht an Stefan Kukla für die zahlreiche und fortwährende Unterstützung. Zudem möchte ich mich bei meiner Familie bedanken, insbesondere bei meinen Eltern Bettina und Ludwig Maile, die mir mein Studium ermöglicht haben und mich stets bei meinen Vorhaben unterstützen.

Inhalt

1 Das *Tiny-House*-Phämomen: Ein Trend hin zu neuen Wohn- und Lebensformen

1.1 Grenzen des Wachstums: Perspektiven auf aktuelle Problemlagen und mögliche Lösungsstrategien

Im aktuellen Umweltforschungsplan des Bundesministeriums für Umwelt, Naturschutz, Bau und Reaktorsicherheit wird das gegenwärtige Wirtschaftssystem hinsichtlich einer unzureichend nachhaltigen Wirtschaftsweise in Frage gestellt. Um eine nachhaltige Wirtschaftsweise langfristig zu fördern, müsse man sich der sogenannten *Green Economy* zuwenden. Ziel sei es hierbei, die Gegensätze ökonomischer Leistungsfähigkeit und ökologischer Belange miteinander zu verknüpfen und so langfristige Lösungsansätze hin zu einer neuen, nachhaltigen Wirtschaftsweise zu erreichen (vgl. BMUB 2017: 5).[1] Die Notwendigkeit einer Zuwendung hin zu einer *Green Economy* wird deutlich, wenn man von den objektiven Zwängen, die vor allem unter dem Begriff der *planetarischen Grenzen* subsummiert werden, ausgeht, welche sowohl in Politik wie auch Wirtschaft für fortwährenden Gesprächsbedarf sorgen (vgl. Rockström et al. 2009; Steffen et al. 2011).

Vormalig hat sich bereits seit den Siebzigerjahren ein steigendes Bewusstsein in Bezug auf die Grenzen des Wachstums, im Hinblick auf die industrielle Produktion, den endlichen Konsum von Ressourcen und die zunehmende Umweltverschmutzung kultiviert (vgl. BMUB 2017: 38). Meadows et al. wiesen bereits 1972 in ihrer vom *Club of Rome* in Auftrag gegebenen Studie *Die Grenzen des Wachstums,* auf zwei uneingeschränkte Wachstumsgrenzen hin. Zum einen bemerkten sie die Endlichkeit „natürlicher Ressourcen", zum anderen zeigten sie die „Senkenkapazität der Ökosysteme" auf (Meadows et al. 1972: Kapitel 2). Aufgrund dieser Einsicht etablierte sich ein gesellschaftlicher Bewusstseinswandel, der faktisch auch noch heute zur Umgestaltung gesellschaftlicher Systeme beiträgt:

„In Teilen der Bevölkerung industrialisierter Staaten hat dieser Wandel in Richtung postmaterialistischer Einstellungen zu einer Veränderung von Lebensstilen und Konsumgewohnheiten geführt, aber auch zur Gründung von Bürgerinitiativen, sozialen Bewegungen und politischen Parteien, die eine entsprechende Programmatik verfolgen" (BMUB 2017: 38).[2]

---

[1] Vgl. Institut für Forstökonomie (2012): Wirtschaft ohne Wachstum?! Notwendigkeit und Ansätze einer Wachstumswende (Woynowski et al.: 2012).

[2] Vgl. Inglehart (2015).

Trotz des bereits in den Siebzigerjahren zu protokollierenden Bewusstseinswandels scheint die Problematik angesichts einer nach wie vor wachsenden „Konsum- und Wegwerfgesellschaft" (Grewe 2017: 7) aktueller denn je und macht somit eine Verschränkung von Politik und Konsum unausweichlich, sodass der Konsum einzelner AkteurInnen unweigerlich selbst zum Gegenstand der Politisierung wird. Wenngleich die Auswirkungen einer Konsumgesellschaft in westlichen Industrieländern noch nicht drastisch für den Einzelnen/die Einzelne spürbar sind, hat sich durch die Transparenz einer globalen Umweltkrise das Bewusstsein für den Umgang mit Konsum dahingehend verändert, dass immer mehr Menschen sich dem sogenannten Anti-Konsum – zum Beispiel in Form einer minimalistischen Lebensweise beziehungsweise einer nachhaltigen Konsumweise – im Sinne der *Degrowth*-Bewegung (vgl. Demaria et al. 2017; Schmelzer 2016)[3] verschreiben. Das steigende Wachstum der marktorientierten Wirtschaftssysteme führt demnach nicht mehr ausschließlich zu positiven Reaktionen, sondern bekräftigt einen kritischen Blick auf die sogenannte Wohlstandsgesellschaft. Der Überfluss an Waren, Informationen und Entscheidungszwängen führt, wie KritikerInnen betonen, zur Überforderung und Frustration einzelner AkteurInnen (vgl. Tenzer 2014). Fakt ist in diesem Zusammenhang:

„Die Mehrheit der Bevölkerung hat ein Konsumniveau erreicht, auf dem alle materiellen Grundbedürfnisse mehr als gestillt sind. Neue Nachfrage lässt sich nur durch kulturell erzeugte Bedürfnisse […] generieren. Die vorhandene Kaufkraft könnte also auch genutzt werden, um sie in Richtung eines nachhaltigkeitsorientierten Konsums zu lenken – wenn es denn gelänge, diesen ‚begehrenswert' erscheinen zu lassen" (BMUB 2017: 58).

Die Wahrnehmung und Deutlichkeit dieser ökologischen Krise führt primär zu einem politischen Wandel, der die Etablierung und den Aufschwung ökologisch orientierter Parteien zur Folge hat.[4] Der folglich politisch veranlasste Leitgedanke hin zu einer nachhaltigen Entwicklung sowie dem Wunsch nach nachhaltigen Innovationen und Alternativen[5] stellt in diesem Zusammenhang die Reaktion auf eine sich zuspitzende

---

3   [Dt. Postwachstum]. Näheres zum Begriff der *Degrowth*-Bewegung: Kapitel: 2.4.1.

4   So zum Beispiel am aktuelle Aufschwung der Partei *Bündnis 90 die Grünen* zu bemerken. Vgl. Silke (2018), URL: https://www.handelsblatt.com/meinung/kommentare/kommentar-die-gruenen-ha ben-mehr-denn-je-das-zeug-zur-regierungspartei/23133748.html?ticket=ST-60652-XP96PPYYVHr cjOblngV7-ap6; Braun (2018), URL: https://www.sueddeutsche.de/politik/gruene-landtagswahl-1.41 76743 [letzter Zugriff: 20.1.2019].

5   In den letzten Jahren ist eine Zunahme und Entwicklung in Richtung nachhaltiger Alternativen zum Massenkonsum zu beobachten. Auf Nachhaltigkeit und Regionalität ausgelegte Einkaufsmöglichkeiten wie zum Beispiel der *Ohne* Verpackungsfreie-Supermarkt in München, vgl. URL: http://www.ohne-laden.de/ [letzter Zugriff: 16.12.2018], die Neueröffnungen von Bio-Supermärkten wie

gesellschaftliche Problematik dar (vgl. Grewe 2017: 8). Die aktuell wahrnehmbare Ressourcenverschwendung und die damit verbundenene Nachhaltigkeitsdebatte zeigt sich jedoch nicht nur vermehrt im Bereich von Forschung und Politik, sondern auch zunehmend in Teilen der Zivilgesellschaft. Es kann davon ausgegangen werden, dass dieser Umdenkprozess sich eben nicht nur auf pclitischer Ebene bemerkbar macht, sondern sich darüber hinaus in einem sich wandelnden Habitus einer Kultur widerspiegelt (vgl. Kapitel 2.4.1).

Das Wissen darum, dass auch Lebensstile und Konsumweisen einzelner VerbraucherInnen Auswirkungen auf die Umwelt haben, wächst stetig. Infolgedessen wird die Auffassung vertreten, dass die Probleme nicht ausschließlich durch technische Innovationen zu lösen sind, sondern neuartige, strukturelle und soziale Lösungsansätze gefragt sind (vgl. BMUB 2017: 17). Durch eine zunehmend für Themen der Nachhaltigkeit sensibilisierte Gesellschaft[6] etablieren sich so jene sozialen und strukturellen Lösungsansätze, die immer mehr zum tragenden Leitbild einzelner AkteurInnen werden.

Ein weiteres, immer dringlicher werdendes Problem, ergibt sich nicht nur im Kontext der ökologischen Problematik der Ressourcenknappheit und des Überkonsums, sondern auch im Zusammenhang mit der aktuellen Wohnlage in europäischen Industrienationen. Die Urbanisierung, so scheint es, schreitet ungebremst voran (vgl. Dirksmeier 2009: 9), wodurch sich nicht nur eine Veränderung bezüglich eines prozentualen Anstieges innerhalb der in Städten lebenden Menschen[7] bemerkbar macht, son-

---

Alnatura, Vollcorner aber auch das gesteigerte Interesse an Fair-Trade und Second-Hand-Kleidung und anderen nachhaltig produzierten Waren, ist an einem gesteigerten Angebot und Nachfrage und einem damit verbundenen Florieren entsprechender Märkte wie zum Beispiel dem erfolgreichen Second-Hand-Store *Pick and Weight*, vgl. URL: https://picknweight.de/ [letzter Zugriff: 20.01.2019], alternativen Kleidertauschpartys, vgl. URL: https://rehab-republic.de/kleidertausch/ [letzter Zugriff: 20.1.2019] aber auch einem Florieren der Flohmärkte zu erkennen. Zudem kann hier auch eine Zunahme an Social Startups verzeichnet werden. Im aktuellen *Deutschen Startup Monitor 2018* des Bundesverbands Deutsche Startups e. V. wird ein klarer Anstieg der Startups welche sich Themen des Social Entrepreneurships zuwenden mit einer Prozentzahl von 38,1 Prozent vermerkt. Hier wird von einem Trend ausgegangen in dem sich UnternehmerInnen immer mehr einer sozialen und ökologisch- unternehmerischen Ausrichtung zuwenden. Der Bundesverband Deutscher Startups geht laut aktueller Analyse davon aus, dass die Anzahl der Sozialunternehmen in Deutschland in den kommenden Jahren um ein Vielfaches wachsen wird (vgl. Olenga et al. 2018: 5).

6   Hier sei die sich im August 2018 herausgebildete *Fridays For Future* (School strike for the climate im Orginal schwedisch „SKOLSTREJK FÖR KLIMATET") Bewegung zu nennen. Die globale soziale Bewegung, augehend von SchülerInnen, setzt sich fortlaufend für effiziente Klimaschutzmaßnahmen ein und äußert scharfe Kritik an der aktuellen Klimapolitik. Kopf der Bewegung ist die schwedische Schülerin Greta Thunberg, die den weltweiten Klimaprotest anstieß und die Bewegung weiterhin aktiv vorantreibt. Vgl. Fridaysforfuture, URL: https://fridaysforfuture.de/ [letzter Zugriff: 19.2.2020].

7   Konservativen Schätzungen der UN zufolge steigt die Anzahl der in Städten lebenden Menschen stetig an, so das voraussichtlich bald ein Punkt erreicht sein wird, an dem erstmals die Mehrheit der

dern sich auch hier im kulturellen Habitus von Menschen in urbanen Lebensräumen offenbart.

Überwiegend im urbanen Raum ist bezahlbarer Wohnraum im 21. Jahrhundert zu einer knappen Ressource geworden. Mietpreise steigen ins Unermessliche und sorgen dafür, dass – zusätzlich zu einer ohnehin durch Zuzug generierten Verknappung – die Möglichkeiten abnehmen, bezahlbaren Wohnraum in Städten zu finden. Dabei ist anzumerken, dass diese Notlage durchaus Menschen mit mittleren Einkommen betrifft und keineswegs als prekäres Phänomen sozial schwächer gestellter Menschen deklariert werden kann.[8] Gerade in Bezug auf diese Problematik werden Versäumnisse in der Wohnpolitik deutlich. Angesichts der aktuellen Gesetzeslage zur „Mietpreisbremse"[9], die durch die Bundesregierung zum 1. Juni 2015 in Deutschland eingeführt wurde, werden die Grenzen des Handlungsspielraumes innerhalb der gegenwärtigen Wohnungspolitik offensichtlich. WissenschaftlerInnen sehen die Mietpreisbremse ohnehin als unwirksame Reaktion auf die Wohnungsproblematik in Deutschland.[10] Langfristig sollen kommunale Mietpreisbremsen zum Beispiel in Ballungsorten wie München angedacht werden, um eine zeitnahe Verbesserung der Wohnproblematik zu gewährleisten. Allerdings kann gegenwärtig noch keine Besserung der Wohnsituation festgestellt werden, was dazu führt, dass sich ein allgemeines Misstrauen in der Gesellschaft

Bevölkerung in städtischen Räumen leben wird und nicht mehr in ländlichen Regionen. Somit leben mehr Menschen in konsumtiven als in produzierenden Räumen: „Globally, more people live in urban areas than in rural areas, with 54 per cent of the world's population residing in urban areas in 2014. In 1950, 30 per cent of the world's population was urban, and by 2050, 66 per cent of the world's population is projected to be urban. [...] Close to half of the world's urban dwellers reside in relatively small settlements of less than 500,000 inhabitants, while only around one in eight live in the 28 mega-cities with more than 10 million inhabitants" United Nations: Department of Economic and Social Affairs. Population Devision (2014): Worlds Urbanization Prospects, URL: https://esa.un.org/unpd/wup/publications/files/wup2014-highlights.pdf [letzter Zugriff: 20.1.2019].

8   Vgl. Hoben (2018), URL: https://www.sueddeutsche.de/muenchen/mietpreisbremse-auch-die-stadt-selbst-muss-sich-zuegeln-1.4069459 [letzter Zugriff: 20.1.2019]; (Kapitel 2.4.2).

9   „Mit der Mietpreisbremse sorgt die Bundesregierung seit dem 1. Juni 2015 dafür, dass künftig insbesondere in begehrten Wohnlagen Mietpreissprünge von 20, 30 oder mehr Prozent verhindert werden. Denn auch in Zukunft sollen sich Normalverdiener Wohnraum in diesen Lagen leisten können" BMJV (2017), URL: https://www.bmjv.de/DE/Verbraucherportal/WohnenEnergie/Mietpreisbremse/Mietpreisbremse_node.html [letzter Zugriff: 20.1.2019].

10 „[...] eine Begrenzung der Mietpreise führe im Markt dazu, dass die Knappheit an Wohnraum in Ballungsgebieten sich noch weiter verstärken. Zu einem regulierten Mietpreis seien ,weniger Wohnungs- und Hausbesitzer bereit, ihre Immobilie zu vermieten'. Stattdessen würden Immobilien leer stehen oder anders genutzt [...]" Zacharias (2018), URL: https://www.zeit.de/wirtschaft/2018-08/mietpreise-sozialer-wohnungsbau-mietpreisbremse-wissenschaftlicher-beirat [letzter Zugriff: 20.1.2019].

gegenüber politischen Entscheidungen ergibt und dadurch bedingt die Suche nach alternativen Lösungsansätzen vorantreibt.

Als Antwort auf die zunehmenden gesellschaftlichen Problematiken wie die der Wohnungsnot und der Brisanz ökologischer Krisen, etablieren sich in den letzten Jahren zunehmend und abseits legitimierter Konzepte und Initiativen gesellschaftliche Gruppierungen, die sich in Form eines auf nachhaltige Entwicklung ausgerichteten Gesellschaftstrends bemerkbar machen. Ein Ziel dieser Gruppierungen ist es, sich aktiv gegen Überkonsum und Verschwendung von Ressourcen einzusetzen. Die AkteurInnen versuchen hier, so scheint es, durch „individualisiertes kollektives Handeln" (vgl. Lamla 2006: 7 ff.) in Form einer Auflehnung gegen politische Versäumnisse zu intervenieren und streben im Zuge dessen nach gesellschaftlich legitimierten, alternativen Wegen. Hierbei können beispielsweise kulturelle Praktiken wie *Repair Revolution* oder *Urban Gardening* genannt werden, die das Ziel anstreben, den Konsum von Marktgütern zu reduzieren und dabei die Erzeugung nachhaltig hochwertiger Produkte zu begünstigen. Ergänzend dazu zeugen auch Bewegungen wie *Do-it-Yourself* und *Sharing Economy* von einer kollektiven Suche nach effektiven Gegenmaßnahmen und folgen dem Trend des *Downshiftens*.[11]

Ferner hat sich in den letzten Jahren auch eine Entwicklung hin zu alternativen Wohnkonzepten in Deutschland herausgebildet. Zu erwähnen sei in diesem Zusammenhang das sogenannte *Tiny House Movement*, welches seine phänomenologischen Ursprünge in den USA hat, jedoch aktuell eine regelrechte Konjunktur in Deutschland erfährt. Die Bewegung geht mit dem mutmaßlichen Zielgedanken eines alternativen Lebensstils und einer alternativen Wohnpraktik in Gestalt einer Abgrenzung von den Strukturen der postmodernen Konsumkultur einher und wird zunehmend dahingehend interpretiert. Häufig wird in diesem Zusammenhang auch von einer minimalistischen Lebensweise ausgegangen und den AkteurInnen die Bezeichnung als *MinimalistIn*[12] zuerkannt.

Der Begriff *Tiny House* stammt aus dem angloamerikanischen Sprachraum und kann auch als Mini Haus oder auch Mikro Haus bezeichnet werden. Der Trend hin zum *Tiny House* wird vor allem als alternative, kostengünstige und nachhaltige Wohnform deklariert. Die neue minimalistische und alternative Art zu wohnen wird so vor allem mit der Vision in Verbindung gebracht, bezahlbaren Wohnraum vornehmlich im dicht besiedelten, urbanen Raum zu schaffen.[13] Ferner spielt hier die Idee der Raumzwischen-

---

11   [(to) downshift (engl.) = herunterschalten].

12   Vgl. dazu *Voluntary Simplicity Movement* (Kapitel 2.1).

13   Vgl. VPB (2018), URL: https://www.vpb.de/presse501_200618.html [letzter Zugriff: 20. 1. 2019]; Amler (2018), URL: https://www.sueddeutsche.de/muenchen/wolfratshausen/dorf-mit-tiny-houses-geplant-kleine-schritte-winzige-haeuser-1.4160210 [letzter Zugriff: 20. 1. 2019].

nutzung eine ausschlaggebende Rolle. Es wird davon ausgegangen, dass VertreterInnen des *Tiny House Movement* als Motivation der Umsetzung minimalistischer Wohnformen mit dem Zielgedanken spielen, brachliegende beziehungsweise unbebaute Flächen durch mobile *Tiny House Villages* interimsweise zwischenzunutzen. Mit diesen temporären Wohnkonzepten wird ebenfalls ein alternativer Ansatz in Bezug auf die akute Wohnungsproblematik in industriellen Ballungsgebieten vermutet. Ein weiterer Ansatz des Phänomens zeigt sich in der Motivation der AkteurInnen durch den Bau kleiner mobiler Häuser Wohnmöglichkeiten für sozial Schwächere zu schaffen – zum Beispiel in Form von mobilen Obdachlosenheimen wie im Pilotprojekt des *Low Income Housing Institut* in Seattle sichtbar wird.[14] In diesem Zusammenhang kann auch die *Tinyhouse University* unter der Leitung des Architekten Van Bo Le-Metzel genannt werden[15]. Hier spielt unter anderem auch die Integration und Zusammenarbeit heterogener Gesellschaftsgruppen eine entscheidende Rolle.

Durch zahlreiche *Tiny House* Projekte generiert das Phänomen deutschlandweit immer mehr Aufmerksamkeit und erfreut sich kontinuierlich wachsender medialer Berichterstattung. Wöchentlich erscheinen einschlägige Zeitungsartikel und Reportagen über *Tiny Houses*. Dabei ist der Hype um *Tiny Houses* nicht ausschließlich im urbanen Raum wahrzunehmen, sondern macht sich auch außerhalb städtischer Lebensräume bemerkbar.[16]

Ziel dieser Arbeit ist es folglich das äußerst aktuelle und viel diskutierte Phänomen in seinen Grundzügen greifbar zu machen. Dabei sollen vor allem die AkteurInnen, die sich dem Phänomen des *Tiny House Movement* verschreiben, in den Mittelpunkt der Forschung gerückt werden. Von besonderem Interesse ist hier vor allem die Frage nach der intrinsischen Motivation der einzelnen AkteurInnen. Ferner soll nicht nur ein Einblick in Einzelmotive der VertreterInnen der Bewegung erfolgen, sondern auch ein Versuch unternommen werden, den gesellschaftlichen Charakter der Bewegung durch die empirische Methode der Teilnehmenden Beobachtung im Feld greifbar zu machen.

---

14 Vgl. Low Income Housing Institute, URL: https://lihi.org/about/ [letzter Zugriff: 20.1.2019].

15 Das 2017 gegründete Kollektiv setzte die Idee der Raum-Zwischennutzung auf dem Bauhauscampus der Bauhausuniversität in Berlin um. Ein Jahr hatten Interessierte die Möglichkeit, an einer Zukunfts Utopie in Form eines *Tiny House Villages* mitten in der Innenstadt in Berlin zu arbeiten und dabei alternative Formen des urbanen Wohnens näher zu ergründen. Vgl. Bauhaus Campus Berlin, URL: http://bauhauscampus.org/ [letzter Zugriff: 20.1.2019]; (Kapitel 4.4.1).

16 Im Fichtelgebirge gibt es inzwischen bereits ein ganzes *Tiny House Village*, auf dessen Grund auch das erste *Tiny House* Hotel für Interessierte Gäste zum Probewohnen besucht werden kann. Auch im Umland um München, so zum Beispiel im Ort Geretsried, wurde kürzlich ein *Tiny House* Verein gegründet. Auch dort soll binnen absehbarer Zeit ebenfalls ein ganzes *Tiny-House* Dorf entstehen. Vgl. Tiny House Village, URL: https://www.tinyhousevillage.de/; Engel (2018), URL: https://www.sueddeutsche.de/muenchen/wolfratshausen/einfach-leben-eingetragenes-pilotprojekt-1.4180642 [letzter Zugriff: 20.1.2019].

Durch die Konnotation des Phänomens mit minimalistischen Lebensweisen, die laut des momentanen Forschungsstandes als inhärenter Teil mit der Bewegung einhergehen, soll hier ein besonderes Augenmerk auf damit verbundene Lebensstile der AkteurInnen, besonders im Hinblick auf eine nachhaltige und minimalistische Lebensweise, gelegt werden.

Aufgrund der bislang begrenzten, insbesondere im deutschsprachigen Raum generierten empirischen Forschungsergebnisse bezüglich des sozialen Phänomens des *Tiny House Movement,* soll ein Versuch unternommen werden, mit einer eigenen qualitativen Untersuchung, basierend auf narrativ-biografischer, auf einen Leitfaden gestützter Interviews und der empirischen Methode der Teilnehmenden Beobachtung im Feld, die empirische Lücke etwas zu schließen und sich dem Phänomen auf diese Weise expliziter anzunähern.

Die Arbeit zielt also vor allem darauf ab, das soziale Phänomen des *Tiny House Movement* als alternative Wohnform und Ausdruck eines minimalistischen Lebensstiles hinsichtlich der individuellen Motive einzelner AkteurInnen innerhalb der Bewegung herauszuarbeiten. Dabei sollen die bereits in anderen wissenschaftlichen Untersuchungen analysierten Beweggründe gemäß einer ideologischen Motivation als vermeintlicher Gegenentwurf einer Anti-Konsumkultur und als vermeintliche Antwort auf die Problematik der Wohnungsnot in deutschen Großstädten hin verdichtet und indessen weitere denkbare Motive dieser Bewegung in die empirische Forschung miteinbezogen werden. Somit wird die Frage aufgeworfen, inwiefern das Engagement und der Trend hin zu alternativen Wohnformen wie den *Tiny Houses* und die Zuwendung zu einem vermeintlich minimalistischen Lebensstil Ausdruck der Kritik am politischen System und der damit einhergehenden Konsum- und Wachstumsgesellschaft ist und dementsprechend den Versuch anstrebt, durch eine nachhaltige, minimalistische Lebensweise und die Reduzierung auf einen kleinen Wohnraum im Sinne einer Postwachstumsstrategie eine systemkritische Gegenantwort darauf zu formulieren.

1.2 Aufbau der Arbeit

Die vorliegende Arbeit ist in fünf Kapitel untergliedert. Einleitend soll das Forschungsfeld anhand einer Darstellung aktueller Perspektiven gesellschaftlich relevanter Problemlagen im Hinblick auf das zu untersuchende Phänomen dargestellt und erschlossen werden. Nach einer kurzen Einführung in die zu erforschende Thematik, worin Ziele und das Erkenntnisinteresse der Arbeit verdeutlicht werden, folgt eine Darstellung des aktuellen Forschungsstandes. Trotz der Tatsache, dass es sich bei dem Phänomen des *Tiny House Movement* noch um eine sehr junge Erscheinung handelt, wird ein Versuch unternommen, den aktuellen Forschungsstand näher zu betrachten. So werden im zweiten Kapitel für die vorliegende Arbeit zentrale Begriffe, die mit dem

Phänomen einhergehen, wie zum Beispiel *Minimalism, Downshifting, Downsizing*, das *Voluntary Simplicity Movement* sowie weitere relevante Konzepte und Termini angeführt. Um den aktuellen Forschungsstand auch hinsichtlich einer historischen Komponente zu beleuchten, werden drei soziale Vorläuferbewegungen vorgestellt, die sich innerhalb der letzten Jahrzehnte in Deutschland entwickelten und dabei Parallelen in Lebensform, Motiven und Zielsetzungen mit den AkteurInnen des zu erforschenden Forschungsfelds aufzeigen. Gegenstand ist hier: Die Lebensreformbewegung um 1900, die Hippiebewegung als Gegenkultur ab den 1960er Jahren und die Camping- und Wohnwagen-Kultur.

Im Anschluss daran wird näher auf den Aspekt des „Movements" eingegangen, um diesen hinsichtlich seiner vermeintlichen Gestalt als Gegenbewegung und eines sozialen Protests gegen eine aktuelle Konsum- und Wachstumsgesellschaft zu prüfen. Abschließend werden in diesem Kapitel kulturwissenschaftliche Forschungsfelder angeführt, die das *Tiny House Movement* als Forschungsfeld mit theoretischen Zugängen und Perspektiven im Sinne einer kulturwissenschaftlichen Betrachtung verknüpft. Hier wird das Feld in Form einer Postwachstumsstrategie hinsichtlich einer zunehmenden Konsumkritik an der wachsenden Konsum- und Wachstumsgesellschaft im Kontext der *Degrowth*-Bewegung untersucht. Daraufhin wird nicht nur das kulturwissenschaftliche Feld Wohnen beleuchtet, sondern diesem auch im Begriff des neuen, minimalistischen Wohnens in Form alternativer Wohnmöglichkeiten auf den Grund gegangen. Daran anschließend wird dem kulturwissenschaftlichen Forschungsfeld der Sachkulturforschung und dem Feld der materiellen Kultur Aufmerksamkeit geschenkt, um die kulturwissenschaftliche Bedeutung sowie den Umgang mit Dingen herauszustellen und im Anschluss mit dem zu untersuchenden Phänomen zu verknüpfen. Einen immanenten Teil bei der theoretischen Einordnung, spielen hier auch Lebensstilkonzepte, Statustheorien und Bedürfnisansätze kulturwissenschaftlicher und soziologischer VertreterInnen, auf welche umfassend eingegangen wird. Genannte Kulturtheorien und -Konzepte bilden das Fundament, um generierte Forschungsergebnisse im späteren Verlauf der Arbeit theoretisch einzubetten und zu interpretieren.

Das dritte Kapitel dient der Ethnographie des Phänomens. Hier wird das methodische Vorgehen dargestellt und das Vorgehen der Datenerhebung und Datenauswertung konkretisiert. Infolgedessen widmet sich das vierte Kapitel ganz der Darstellung generierter Daten. Einführend werden hier in kurzen Portraits die AkteurInnen und deren Projekte vorgestellt, bevor im Anschluss die Ergebnisse der Forschung dargestellt werden. Im Sinne der *Grounded Theory* (Glaser/Strauss 2005) wurden dabei anhand dreier Kodierungsverfahren mit Hilfe der Analyse-Software *MAXQDA* drei Kategorien identifiziert, die für das soziale Phänomen des *Tiny House Movement* charakteristisch erscheinen:

Kategorie I: Das *Tiny House Movement* als Mittelschichtsphänomen,

Kategorie II: Das *Tiny House Movement* als Form eines politischen Aktivismus – Politische Parameter der Bewegung,

Kategorie III: Das *Tiny House Movement* als sozial-ökologische Bewegung – Ausdruck eines nachhaltigen/konsumreduzierten Lebensstils.

Das fünfte Kapitel dient dazu, die Ergebnisse noch einmal komprimiert darzustellen und diese mit theoretischen Erkenntnissen zu verknüpfen, um dabei einen ersten Ansatz für weitere kulturwissenschaftliche Forschung darzulegen. Mit einem Ausblick und einer Zuschreibung der Bedeutung, die dem kulturellen Phänomen für die Gesellschaft und für das Fach der empirischen Kulturwissenschaft zukommt, schließt die Arbeit ab und stellt mögliche zukunftsbasierte Forschungsdesiderate heraus.

2 Forschungsstand

Zunächst ist bei der Betrachtung des Forschungsstandes zum *Tiny House Movement* anzumerken, dass die Empirie zu diesem Phänomen, vor allem in Deutschland, noch weitgehend unzureichend ist. Eine kulturwissenschaftliche Betrachtung dieser Thematik ist bislang noch nicht erfolgt, infolgedessen wird bei der Untersuchung des *Tiny-House*-Phänomens in dieser Arbeit vor allem auf englischsprachige Literatur und Artikel in wissenschaftlichen Fachzeitschriften Bezug genommen. Als weitere Sekundärquellen für die Betrachtung des Phänomens dienen unterdessen Zeitungsartikel, Blogeinträge sowie Reportagen.

Da es sich bei dem *Tiny House Movement* um ein sehr junges Phänomen handelt, soll zunächst eine Begriffsklärung und umfassende Einordnung in die Thematik erfolgen. Im Anschluss daran folgt eine historische Einbettung, um entsprechende Vorläuferbewegungen mit Strukturen des aktuellen Phänomens in Zusammenhang zu bringen. Der Begriff „Movement" lässt darauf schließen, dass es sich bei dem Phänomen um einen Zusammenschluss von AkteurInnen handelt, die sich im Sinne einer Interessensgemeinschaft in Form einer sozialen Bewegung offenbart. Hinsichtlich dieser Annahme sollen unterdessen die Grundbegriffe einer sozialen Bewegung sowie damit einhergehende Merkmale einer Protestkultur vorgestellt werden, um im Anschluss daran das Phänomen als soziale Gegenbewegung im Sinne einer sozialen Protesthandlung gegenüber aktuellen, gesellschaftlichen Problemlagen zu prüfen.

2.1 Das Phänomen *Tiny House Movement* – aktuelle Parameter und eine Begriffsklärung

Die aus den Vereinigten Staaten stammende Strömung des *Tiny House Movement* breitet sich in den letzten Jahren auch rapide in Europa – insbesondere in Deutschland – aus und erfährt aktuell landesweit einen rasanten Aufschwung. Das wachsende Interesse in der Gesellschaft an dieser Thematik zeigt sich innerhalb einer ansteigenden Zahl von AkteurInnen und VertreterInnen des Phänomens. Zudem erfreut sich der Trend des alternativen Bauens winziger Häuser einer erhöhten medialen Berichterstattung. Nicht nur deutschlandweite Bauunternehmen[17] springen auf den Trend des kleinen Wohnens auf; auch Großhandelsunternehmen wie *Tchibo* haben den wachsenden Markt des minimalistischen Wohnens für sich entdeckt und verkauften seit dem

---

17 Eine Auflistung der zahlreichen *Tiny House* AnbieterInnen in Deutschland sowie in anderen europäischen Ländern kann hier eingesehen werden: Vgl. Tiny Houses Wohnen auf kleinem Raum, URL: http://tiny-houses.de/was-sind-tiny-houses/hersteller-in-europa/ [letzter Zugriff 20. 1. 2019].

Sommer 2018 exklusiv angefertigte *Modell-Tiny-Houses* in Zusammenarbeit mit ihrem Hamburger Kooperationspartner H. Diekmann GmbH.[18]
Die intrinsische Motivation der AkteurInnen kann sich dabei in mannigfachen Gründen äußern, so zum Beispiel vornehmlich im urbanen Raum mit einer finanziellen Entscheidung. Andere Motive machen sich in Form einer Zuwendung zu nachhaltigen, minimalistischen Lebensstilen bemerkbar oder äußern sich in ökologischen Gesichtspunkten. Bei der sich entwickelnden Gegenkultur aus den USA[19] wird davon ausgegangen, dass sich der Bautradition großer Häuser sowie dem *American way of life* und einer damit verbundenen Konsumkultur widersetzt wird, mit dem Ziel, eigene, kleinere, mobile, ökologischere und kostengünstigere Wohnräume als Alternative zu schaffen. Damit einher geht die Vision, *Tiny Houses* könnten eine geeignete Alternativlösung für eine Reihe wachsender gesellschaftlicher Probleme darstellen. Aktuelle Problemlagen in Bereichen wie der Nachhaltigkeit, der Dichte in Städten, hoher Mieten und Wohnungsnot sowie der Verschwendung von ökologischen Ressourcen tragen so – laut aktuellen Forschungen – zur Konjunktur des neuen Phänomens bei:

„The main assumption of the tiny house movement is that homeowners can reduce the environmental impact and increase affordability by reducing their spatial footprint. Also, proponents of the movement have been optimistic about the potential for tiny houses to address a number of housing issues" (Ford/Gomez-Lanier 2017: 394).

Die *Boneyard Studios*[20], ein Kollektiv aus den USA und VorreiterInnen des *Tiny House Movement* definieren *Tiny Houses* demnach wie folgt:

18 Mehr dazu unter Tchibo, URL: https://www.tchibo.com/servlet/content/1175464/-/pid=310330/star teseite-deutsch/presse/presseinformationen20180514-tiny-houses.html; Tiny House Diekmann, URL: https://www.tiny-house-diekmann.de/ [letzter Zugriff 20. 1. 2019].

19 Hier muss beachtet werden, dass die Tradition des Wohnens auf kleinem, beweglichem Raum in den USA durchaus eine andere ist als in Deutschland, da hier die Mobilität besonders wegen des zu unterscheidenden Arbeitsmarktes schon viel länger eine Rolle spielt. Sogenannte *Mobile Homes* spielen so in den USA bereits vor dem *Tiny House Movement* eine wichtige Rolle.

20 Die *Boneyard Studios* wurden 2012 aus einem Kollektiv einiger InteressensvertreterInnen des kleinen, mobilen Wohnens ins Leben gerufen, welche die erste kleine *Tiny House Community* der Vereinigten Staaten auf einem alten Gassengrundstück mitten im District of Columbia gründeten und errichteten. Durch dieses zunächst kleine Pilotprojekt fand sich in kürzester Zeit eine riesige Gemeinschaft aus Architekten, Bauherren und *Tiny House*-LiebhaberInnen zusammen. Die *Boneyard Studios* wurden somit zu einem physischen Ort und thematischen Treffpunkt der Community, welche den Zielgedanken eines nachhaltigen, einfachen und platzsparenden Wohnens verfolgten. Wichtig war, die *Tiny House Community* im urbanen Raum anzusiedeln, um das kreative Stadtleben in Zusammenhang mit einem minimalistischen Wohnstil zu demonstrieren. Zudem wurden zahlreiche Veranstaltungen zu diesem Themenkomplex organisiert. Aktuell befinden sich die *Tiny Houses* nicht mehr vor Ort, durch die neu gewonnene Reichweite und das stetige Wachstum der *Tiny House*

„Tiny (or small) houses are an affordable, attractive, environmentally-friendly housing option. They're part of a beautiful, growing, varied movement – some tiny houses are as small as a square meter and others as large as 300, 400, or 700 feet. The key isn't really size itself, but careful and deliberate attention to space efficiency and simplicity" (Boneyard Studios FAQs).

Es wird vermutet, dass das *Tiny House Movement* eine anwachsende kulturelle Bewegung von Individuen ist, die sich im Kollektiv (vgl. Lamla 2006) dazu entscheiden, ihr Leben auf wenigen Quadratmetern mit einer dezimierten Anzahl materieller Güter in Form einer minimalistischen Wohnform zu führen, verbunden mit dem Leitgedanken, ein reduzierter Lebensstil führe – in Abgrenzung zu gesellschaftlichen Zwängen – zu mehr persönlichen Freiheiten. Unterdessen wird sich durch die Hinwendung zu diesem alternativen Wohnstil sowohl ein individueller Mehrwert versprochen als auch das Ziel angestrebt, langfristig einen Mehrwert in der Gesellschaft zu generieren.

Eine Definition bezüglich der Größenordnung eines *Tiny Houses* gibt es inzwischen sowohl in den USA als auch in Deutschland. Dessen ungeachtet spielt die Größenklassifizierung des *Tiny Houses* in der Bewegung in den USA zunächst eine untergeordnete Rolle – wobei es hier erstmals auch seit 2017 gesetzliche Beschränkungen gibt[21]. Unter einem *Tiny House* wird unterdessen nicht nur ein Haus auf fahrbarem Untersatz verstanden, sondern es besteht darüber hinaus die Möglichkeit zweier verschiedener Bauweisen: Zum einen die des *foundation built* und zum anderen die Bauweise *on wheels*: „Some tiny houses are foundation-built while others, like those at Boneyard Studios, are on wheels [...]" (Boneyard Studios FAQs). Vielmehr von Bedeutung ist hier laut VertreterInnen aber die Logik hinter dem Movement und der entsprechende Lebensstil, der mit der Bewegung einhergeht. Die *Small House Society*, eine amerikanische Gruppe von BefürworterInnen des Wohnens auf kleinem Raum, konstatiert diesen Zusammenhang wie folgt:

Community, hat sich inzwischen eine globale Bewegung aus dem Pilotprojekt herausgebildet. Die AkteurInnen des Kollektivs der *Boneyard Studios* engagieren sind mittlerweile in anderen vergleichbaren Projekten. Vgl. Boneyard Studios FAQs, URL: https://boneyardstudios.org/faqs/ [letzter Zugriff: 20. 1. 2019].

21   Andrew und Gabriella Morrison setzen sich für das *Tiny House Movement* im Sinne des „Do it Yourself Movements" in den USA ein, um auch anderen Menschen den Traum vom *Tiny House* zu ermöglichen. Auf ihrem Blog veröffentlichten sie zudem den *National Tiny House Building Code*. Vgl. TINY HOUSE BUILD, URL: https://tinyhousebuild.com/code/ [letzter Zugriff 20. 1. 2019]. Im August 2017 genehmigte der *International Code Council (ICC)* den APPENDIX Q TINY HOUSES, der *Tiny Houses* folgendermaßen definiert und eine Größenordnung festlegt: „TINY HOUSE: A dwelling that is 400 square feet (37 m²) or less in floor area excluding lofts" ICC; Hervorhebung durch den Autor, URL: https://codes.iccsafe.org/content/IRC2018/appendix-q-tiny-houses?site_type=public [letzter Zugriff 20. 1. 2019].

„Size is relative, and mainly we promote discussion about the ecological, economic and psychological toll that excessive housing takes on our lives, and what some of us are doing to live better. It's not a movement about people claiming to be ‚tinier than thou' but rather people making their own choices toward simpler and smaller living however they feel best fits their life" (Small House Society).[22]

Anders als in den USA werden *Tiny Houses* in Deutschland fast ausschließlich mit Mobilität in Verbindung gebracht. Die Größenordnungen für *Tiny Houses* in Deutschland werden auf bürokratischem Wege mittels der *Fahrzeug-Zulassungsverordnung (FZV)* sowie weiteren Zulassungsverfahren geregelt und kontrolliert. Da aktuell noch keine spezifischen Standards für *Tiny Houses* existieren, besteht die Möglichkeit einer Wohnwagenzulassung, was häufig mit einem hohen bürokratischen Aufwand verbunden ist. Alternativ gibt es die Möglichkeit einer Zertifizierung des *Tiny Houses* als ordentlich gesicherte Ladung.[23] In beiden Fällen muss das *Tiny House* bestimmte objektive Voraussetzungen erfüllen um überhaupt im Straßenverkehr zulassungsfähig zu sein: [24]

– Maße: max. 4,00 m Höhe und 2,55 m Breite (inkl. Vorbauten und Überstände),
– Gewicht: max. 3500 kg (bei entsprechender Fahrerlaubnis),
– Sicherheitsglas in Fenstern und Türen (alternativ: für die Fahrt fest verschließbare Fensterläden),
– keine scharfen Kanten.

Das uneingeschränkte Wohnen im *Tiny House* stellt zunächst eine illegale Wohnform dar, da die Praxis des Wohnens gesetzlich geregelt ist und nur in dafür vorgesehenem

22 Small House Society, URL: https://smallhousesociety.net/about/ [letzter Zugriff 20.1.2019].

23 Die Größenklassifizierung der *Tiny Houses* unterscheidet sich je nach Land durch gesetzliche Vorschriften. Wer in Deutschland einen Anhänger auf öffentlicher Straße fahren möchte, muss sich bei der zuständigen Straßenverkehrsbehörde melden. Das Zulassungsverfahren wird in Deutschland durch die *Fahrzeug-Zulassungsverordnung (FZV)* geregelt. Vgl. Fahrzeug-Zulassungsverordnung (FZV), URL: https://www.gesetze-im-internet.de/fzv_2011/BJNR013900011.html [letzter Zugriff 20.1.2019]. Da *Tiny Houses* unter keine der Kategorien fällt, sondern mehr oder weniger eine Grauzone in der gesetzlichen Verordnung darstellt, besteht trotzdem keine Zulassungsfreiheit. In Deutschland bestehen folgende Möglichkeiten für die Zulassung eines mobilen *Tiny House*: Zum einen kann das *Tiny House* mit einer Kurzzeitzulassung für Anhänger transportiert werden oder es wird ein Transport durch einen Schausteller organisiert (hier gelten Sonderregelungen). Für eine dauerhafte Straßenzulassung ist jedoch eine *Einzel-Betriebserlaubis (EBE)* erforderlich. Hier gibt es wiederum zwei Möglichkeiten, die Zulassung des *Tiny Houses* mit einer Wohnwagenzulassung oder die Alternative, das *Tiny House* als ordentlich gesicherte Ladung zu transportieren. Vgl. Tiny Houses Wohnen auf kleinem Raum, URL: http://tiny-houses.de/tiny-house-bauen/strasse-verkehr -zulassung-genehmigung/ [letzter Zugriff 20.1.2019].

24 Zit. nach: Tiny Houses Wohnen auf kleinem Raum, URL: http://tiny-houses.de/tiny-house-bauen/ strasse-verkehr-zulassung-genehmigung/ [letzter Zugriff: 20.1.2019].

Wohnraum rechtmäßig ist. In Deutschland lebende Personen sind nach § 17 des *Bundesmeldegesetzes (BMG)* dazu verpflichtet, einen entsprechenden Wohnsitz, der im § 7 des *Bundesgesetzbuches (BGB)* geregelt ist, anzumelden.[25] Das *Tiny House* fällt dabei nicht unter einen rechtmäßigen Wohnsitz, wodurch die Anmeldung eines Erst-Wohnsitzes ausgeschlossen ist. Zusätzlich zur Meldepflicht gelten hier, wie bei anderen Wohnformen auch, gesetzliche Genehmigungspflichten wie Landesbaurecht, Baugenehmigungen und Bebauungspläne, um sich auf einem Grundstück niederzulassen. Das Wohnen im öffentlichen Raum ist ohnehin verboten. Durch die alternative Bauweise auf einen gewöhnlichen Vehikel-Anhänger offenbart sich die neue Wohnform also als rechtliche Grauzone, die viele Interessierte für ihr *Tiny House* Bauvorhaben nutzen, um bürokratische Hürden zu umgehen.

Trotz bürokratischer Abschreckungsmechanismen verfolgen immer mehr Menschen den Traum vom eigenen *Tiny House*. Zwar handelt es sich bei dieser Art zu wohnen um eine nicht rechtmäßige Handlung, eine gesellschaftliche Legitimierung ist jedoch längst gegeben und verleitet infolgedessen immer mehr AkteurInnen zur konkreten Handlung. Zudem legitimieren und ermutigen Großprojekte wie die *Tinyhouse University*[26] in Berlin und das *Tiny House Village*[27] im Fichtelgebirge – deren Projekte bisher ohne rechtliche Folgen durchgeführt werden und wurden – einzelne VertreterInnen des Movements zur eigenständigen Umsetzung.

Das Ziel der Bewegung scheint darauf ausgelegt zu sein, einen alternativen Gegenentwurf zu aktuellen Gesellschaftsproblemen zu etablieren und damit einzelnen Individuen und der Gesellschaft darzulegen, dass die Möglichkeiten alternativer Wohnformen und Lebensstile trotz gesetzlicher Beschränkungen bestehen. Verbunden mit der Wohnform in einem *Tiny House* scheinen auch die als positiv bewerteten Aspekte einer nachhaltigen und minimalistischen Lebensweise mit einherzugehen sowie die Betonung der Notwendigkeit, bezahlbaren Wohnraum zu generieren. Die Bewegung versucht durch die Hinwendung zur Öffentlichkeit indes auch andere AkteurInnen für die Thematik zu sensibilisieren und zu mobilisieren, um diese zu einem nachhaltigeren, minimalistischen Lebensstil zu ermutigen und langfristig gesellschaftliche Veränderungen hervorzurufen.[28] In einem 2017 von Ford und Gomez-Lanier von der Univer-

---

25 Vgl. BMG, URL: https://www.gesetze-im-internet.de/bmg/__17.html und vgl. BGB, URL: https://www.gesetze-im-internet.de/bgb/__7.html [letzter Zugriff: 20. 1. 2019].

26 Vgl. Bauhaus Campus, URL: http://bauhauscampus.org/ [letzter Zugriff: 20. 1. 2019].

27 Vgl. Tiny House Village, URL: https://www.tinyhousevillage.de/ [letzter Zugriff: 20. 1. 2019].

28 Alle AkteurInnen der empirischen Untersuchung streben den Versuch an, mit ihren Projekten Aufmerksamkeit in der Öffentlichkeit zu erlangen – zum Beispiel via Internetauftritten, Interviews und die Hinwendung an Behörden um die Legalisierung von *Tiny Houses* als Erstwohnsitz voranzutreiben. Als intrinsische Motivation gilt dabei die Verbreitung des Phänomens und das Aufmerksammachen für nachhaltige Themen und neue Formen des nachhaltigen Lebens und Wohnens, um

sity of Georgia veröffentlichten Artikel zum Thema *Tiny House Movement* kamen die Autorinnen zu folgendem Ergebnis: „One of the philosophical tenets of the tiny house movement is the departure from the values of conventional society such as excessive consumerism and materialism. By living small, a person must keep only what is necessary to live" (Ford/Gomez-Lanier 2017: 402).

Da AkteurInnen des *Tiny House Movement* – trotz unzureichender empirischer Untersuchungen – unmittelbar mit einer minimalistischen Lebensweise in Beziehung gebracht werden, können minimalistische Lebensstile als immanenter Teil des zu untersuchenden Phänomens angesehen werden. Der Trend hin zum Minimalismus kann so also als Vorläufer für das sich gegenwärtig entwickelnde *Tiny House Movement* begriffen werden. Entwicklungen und Begriffsdefinitionen der Minimalismusbewegung werden dahingehend in der Untersuchung mitberücksichtigt.

Minimalismus bedeutet soviel, wie eine bewusste Beschränkung auf ein Minimum. Kennzeichen eines minimalistischen Lebensstils sind mitunter der reduzierte Konsum sowie die gesteigerte Achtsamkeit in Bereichen des alltäglichen Lebens. Der Lebensstil der AkteurInnen ist insofern als minimalistisch zu deklarieren, da durch die gezielte Reduktion vorwiegend materieller Dinge – aber auch durch die Reduktion von überflüssigen Beziehungen und unangenehmen Gewohnheiten – mehr Raum und Zeit für die wesentlichen Aspekte des Lebens bleiben – hier werden meist Familie, Freunde und Freizeit genannt[29]. Durch die Reduktion in verschiedenen Lebensbereichen erhoffen

---

langfristig ein gesteigertes Bewusstsein für solche Thematiken in der Gesellschaft voranzutreiben und mehr Menschen für einen nachhaltigen Lebensstil zu mobilisieren (vgl. Kapitel 4).

29   Vgl. hierzu Minimalismusblogs wie EINFACH BEWUSST, URL: http://www.einfachbewusst.de/minimalismus/; Minimalismus leben, URL: https://www.minimalismus-leben.de/ [letzter Zugriff: 20. 1. 2019]. Blogs, die sich mit minimalistischen Themenschwerpunkten auseinandersetzten gibt es zahlreich. Sowohl in Deutschland als auch in den USA ist der Austausch von MinimalistInnen vorwiegend auf medialen Plattformen wie Blogs und Vlogs auf YouTube anzutreffen. Auch via Social Media Plattformen, vor allem Facebook und Instagram, erfolgt ein täglicher Austausch über minimalistische Lebensweisen oder Reduktionsprozesse einzelner AkteurInnen und werden hier von zahlreichen Usern verfolgt. Vgl. Facebookhomepage Minimalismus | Mit wenigen Dingen glücklich, URL: https://www.facebook.com/groups/MinimalistenDACH/ [letzter Zugriff: 20. 1. 2019]. Einer der bekanntesten Blogs auf diesem Gebiet ist wohl der von Joshua Fields Millburn und Ryan Nicodemus gegründete Blog *the minimalists*. Die beiden Amerikaner veröffentlichten 2011 sogar ein Buch zum selbigen Thema mit dem Titel *Minimalism: Live a Meaningful Life*. Im Mai 2016 wurde ihre filmische Dokumentation *Minimalism* herausgebracht, die auf großen Videoportalen wie Netflix, iTunes, und Amazon zu sehen war, also eine große Reichweite mit sich brachte. Sowohl im Buch als auch in der Dokumentation erzählen die beiden ihre persönliche Lebensgeschichte hin zum *Minimalismus*. Hier propagieren sie vor allem die positiven Aspekte eines minimalistischen Lebensstils in Abgrenzung zur Wachstums- und Konsumgesellschaft. Im Buch wird zudem eine Hilfestellung in Form eines minimistischen Leitfadens für die Leserschaft bereitgestellt, um diesen den Weg hin zu einem minimalisitischen Lebensstil abseits einer Konsumkultur zu vereinfachen. Vgl. the minimalists, URL: https://www.theminimalists.com/about/#the_mins [letzter Zugriff: 20. 1. 2019].

sich MinimalistInnen eine größere Zufriedenheit im eigenen Leben sowie positive Auswirkungen auf das Leben anderer. In Deutschland wird mit dem Begriff Minimalismus
meist ein ganzheitliches Lebenskonzept verstanden. In anderen Ländern, vor allem im
englischsprachigen Raum, wird synonym zum Begriff Minimalismus die Bezeichnung
„simple living"[30] und „voluntary simplicity"[31] verwendet. Auch der Begriff des „Downshifting"[32] wird in Bezug auf die gezielte Reduktion von Arbeitszeit häufig als Teilaspekt innerhalb einer ganzheitlichen minimalistischen Lebensweise verwendet. Der US-
amerikanische Sozialphilosoph und Vordenker Gregg prägte 1936 erstmals den Begriff
„Voluntary Simplicity", den er wie folgt definierte:

„Voluntary simplicity involves both inner and outer condition. It means singleness of purpose, sincerity and honesty within, as well as avoidence of exterior clutter, of many posses-
sions irrelevant to the chief purpose of life. It means an ordering and guiding of our energy
and our desires, a partial restraint in some directions in order to secure greater abundance
of life in other directions. It involves a deliberate organization of life for a purpose" (5 f.).

Zahlreiche AutorInnen widmeten sich im Anschluss an Greggs These dem Begriff
„Voluntary Simplicity". So auch Elgin, der Greggs Thesen rezipierte und in seinem
Werk „Voluntary Simplicity" weiterentwickelte. Die freiwillige, selbstbestimmte Einfachheit trägt seiner Meinung nach zu einer höheren Lebensqualität der AkteurInnen bei. Die Gründe warum sich Menschen einer minimalistischen Lebensweise verschreiben sind dabei vielfältig, haben aber in jedem Fall den Anspruch, sich von einem
konsumistischen Lebensstil zu distanzieren. Durch den gewählten konsumreduzierten Lebensstil erhofften sich MinimalistInnen positive Auswirkungen auf die Umwelt
und auf das Wohlergehen zukünftiger Generation (vgl. Elgin 2013: 71 f.). Einen ersten
soziologischen Blick auf das zeitgenössische Interesse der *Voluntary Simplicity* Bewegung richtete Grigsby 2004 mit ihrem Werk *Buying Time and Getting By*. Bei der Untersuchung entsprechender AkteurInnen, die sich einer modernen und freiwillig gewählten minimalistischen Lebensweise verschreiben, kam sie zu folgenden Ergebnissen:

„People in the voluntary simplicity movement are concerned about environmental degrada-
tion, critical of conspicuous consumption and ‚careerism', and dissatisfied with the quality
of life afforded by full participation in mass consumer society. Simple livers, as participants
in voluntary simplicity are often called, maintain that a voluntary simplicity lifestyle is

---

30 [Dt. einfaches Leben].

31 [Dt. freiwillige Einfachheit].

32 [Dt. herunterschalten], wird in diesem Zusammenhang vor allem mit der Reduktion der Arbeitszeit
    mit dem verbundenen Ziel hin zu einem autonomen, emanzipierten Leben assoziiert.

more fulfilling for the individual, creates a stronger community, and decreases environmental damage. People in the movement believe that overconsumption is promoted by the dominant culture, which is materialistic, competitive, and destructive of the planet and human fulfilment" (ebd.: 1).

Bei der Zuwendung hin zu einer minimalistischen Lebensweise steht die subjektiv erlebte Lebensqualität des/der Einzelnen im Vordergrund; die Qualität des Lebens zeigt sich abseits eines oberflächlichen, auf materialistischen Konsum begrenzten Hedonismus. Der bewusst reduzierte Lebensstil wird dadurch häufig auch mit asketischen Zügen in Verbindung gebracht, die ihren Ursprung vielfach in religiösen Gemeinschaften haben oder manchen Religionen anhaften (vgl. ebd.: 45 f.). Sowohl Grigsby (2004) als auch Elgin (1981) gehen davon aus, dass VertreterInnen des *Voluntary Simplicity Movement* aus der Mittelschicht stammen (Grigsby 2004: 56). Da Überkonsum, gegen welchen MinimalistInnen anzukämpfen versuchen, erst mit dem Privileg einer Wohlstandsgesellschaft – in der das Individuum in der Lage ist zu konsumieren und ebenso in der Lage ist sich aus freien Stücken dazu zu entscheiden nicht zu konsumieren – einhergeht, handelt es sich laut ForscherInnen um eine Bewegung aus der Mittelschicht: „By targeting affluence assosciated with being white, Western, middle-class, overconsumer and focusing in changing consumption practices, simple livers claim a voluntary simplicity moral identity and claim a shift of the meaning of white, Western, and middle class form greedy overconsumer to simple liver" (ebd.: 56). Viele der befragten Personen, die sich in minimalistischen Kreisen bewegen, identifizieren sich auch selbst mit den Kategorien der Mittelschicht, zu denen Attribute wie weiß, gebildet und heterosexuell gehören, so Grigsby (vgl.: 56). Die AkteurInnen sehen sich dabei häufig selbst als überprivilegiert und reich an sozialen Ressourcen an, was mit dem „kulturellen Kapital" Bourdieus (1982) beschrieben werden kann und eine bewusste Wahrnehmung der eigenen Privilegien der AkteurInnen kennzeichnet.
Auch der Co-Direktor des *Simplicity Insitutes*[33] Dr. S. Alexander (2011) beleuchtet die Bedeutung der *Voluntary Simplicity*. Er beschreibt in diesem Zusammenhang vor allem die Verbindung des Lebensstils zum Konsum, konstatiert den freiwilligen Verzicht als „anti-consumerist way of life" und präsentiert ergänzend dazu den destruktiven Charakter eines minimalistischen Lebensstils. Dabei betrachtet er die politische Dimension als wesentlich und spitzt seine These dahingehend zu, dass er das *Voluntary Simplicity Movement* als Gegenkonzept einer westlichen Konsumgesellschaft charakterisiert: „The Voluntary Simplicity Movement can be understood broadly as a diverse social movement made up of people who are resisting high consumption life- styles and who

---

33 Vgl. Simplicity Institute, URL: http://simplicityinstitute.org, [letzter Zugriff: 20. 1. 2019].

are seeking, in various ways, a lower consumption but higher quality of life alternative" (Alexander/Ussher 2012: 66).

Das *Tiny House Movement* konzentriert sich in Abgrenzung zu einer rein minimalistischen Lebensweise vor allem darauf, den Gedanken der *Voluntary Simplicity* in Form einer Reduktion des Wohnraumes sichtbar zu machen. Charakteristisch für den Lifestyle in *Tiny Houses* ist dabei nicht nur eine konsumreduzierte Lebensweise, sondern auch die hohe Effizienz der Raumnutzung, die sich häufig in Form von minimalistischen, multifunktionalen Stauräumen und umfunktionierbaren Möbelstücken im Sinne von hoch-ästhetisierten Räumen zeigt. Großes Augenmerk wird dabei auch – häufig im Sinne einer ganzheitlichen minimalistischen Lebensweise – auf eine ökologische, umweltbewusste Baupraktik gelegt.[34]

Die Idee, den qualitativen Wert des Wohnraumes über die Größe des Raumes zu stellen, begann bereits Ende der neunziger Jahre. Einige Menschen erkannten, dass ihre individuellen Bedürfnisse des Wohnens nicht mit den zu erfüllenden Anforderungen des Marktes übereinstimmten. Die Architektin und Autorin Susanka veröffentlichte 1998 einen Gegenentwurf zum großen Bauen mit ihrem Buch *The Not So Big House*[35], in dem sie darauf aufmerksam machte, dass entsprechend individueller Lebensstile beim Bau eines Hauses mehr auf die Qualität der Materialien und Details zu achten sei, als auf die bloße Anzahl der Quadratmeter. Diese Idee von Qualität über Quantität unter Einbeziehung des individuellen Lebensstils wurde mit den Jahren auch zum leitenden Prinzip des *Tiny House Movement* und scheint sich so nicht nur in den USA bemerkbar zu machen, sondern auch zum Leitbild deutscher AkteurInnen innerhalb der *Tiny House Community* zu werden.[36]

---

34 Näheres dazu in (Kapitel 4.2).

35 Vgl. Susanka/Obolensky (2001) *The not so big house.*

36 Als Vorreiter gemäß dem Wohnen und Leben auf kleinem Raum ist hier vor allem Japan zu nennen. In der Hauptstadt Tokyo gehören *Mikro Houses* aufgrund eines akuten Wohnungs- und Platzmangels innerhalb des urbanen Raums zum normalen Stadtbild. Der japanische Begriff für Mikro-Haus ist *Kyosho Jutaku*. Durch die Dichte der Bevölkerung sind Menschen in Japan bereits seit den 70er Jahren dazu gezwungen, kleine Wohnräume effektiv und platzsparend für sich zu nutzen als auch den Bedürfnissen der BewohnerInnen entsprechend anzupassen. Da Japan eine jahrzehntelange Geschichte des Bauens von Mikro Häusern verbindet, entwickelten sie kreative Lösungsansätze für den Bau auf minimalistischem Raum, welche VertreterInnen des *Tiny House Movement* häufig als role model anerkennen und im Bau eigener *Tiny Houses* umsetzen (vgl. Ford/Gomez Lanier 2017: 398). Betrachtet man die bereits seit vielen Jahren bestehende Wohnungsnotlage im urbanen Raum Tokyos in Hinblick auf eine wachsende Anzahl von in urbanen Städten lebenden Menschen in Europa, kann davon ausgegangen werden, dass europäische Metropolen sich einer ähnlich zu erwartenden Wohnproblematik ausgesetzt sehen. Eine Suche und Umsetzung alternativer Wohnmodelle wie die der *Tiny Houses* scheint hier also einleuchtend.

2.2 Historische Einordnung und Vorläufer der Bewegung

Das *Tiny House Movement* und das damit verbundene Wohnen und Leben auf engstem Raum wird wie bereits aufgezeigt mit einer nachhaltigen, minimalistischen Lebensweise in Verbindung gebracht, was darauf zurückzuführen ist, dass das Wohnen auf kleinem Raum eine gewisse Reduktion von Sachgütern impliziert. Die Zuwendung zu einer von Verzicht und Einfachheit geprägten Lebensform ist jedoch nicht als neuzeitliches Phänomen einzuordnen. Nimmt man einen geschichtlichen Rückblick vor, können gewisse Vorläufer der Bewegung angeführt werden. Der Soziologe und Konsumforscher Hellmann (2011) konstatiert in diesem Zusammenhang, dass die Form einer minimalistischen Lebensweise seit jeher gegeben war, in der Vergangenheit jedoch unter anderen Bezeichnungen aufzufinden sei.[37] Die Ideologie eines einfacheren Lebens und dem damit verbundenen konsumreduzierten und nachhaltigen Lebensstil, taucht historisch betrachtet durchaus in diversen Formen und Ausprägungen auf.[38] Minimalismus spielte so bereits bei großen Philosophen der Antike eine entscheidende Rolle, speziell im Bereich des Kynismus und Stoizismus. Annähernd in allen Weltreligionen wie dem Buddhismus[39] aber auch in religiösen Gemeinschaften wie den Amish People, den Trappistenmönchen und den Quäkern wird dem Sinnbild eines einfachen Lebens nachgekommen und Fast und Verzicht im Sinne religiöser Anschauungen gelebt. In diesem Zusammenhang seien auch hervorstechende Persönlichkeiten des 20. Jahrhunderts, wie Gandhi, Lenin und Mutter Teresa zu erwähnen, die sich ebenfalls einem minimalistischen Lebensstil verschrieben (vgl. Alexander 2016: 162 f.).

Innerhalb der letzten Jahrhunderte bildeten sich abseits religiöser Anschauungen soziale Gegenbewegungen wie die Lebensreformbewegung um 1900 und die Hippiebewegung ab den 1960er Jahren als Gegenkultur heraus, die durch die Ideologie hin zu einem einfacheren, natürlicheren Leben einen Versuch anstrebten, sich zu bestehenden Lebensformen/-kulturen und politischen Systemen abzugrenzen. Des Weiteren ist hier auch der Camping- und Caravaning-Tourismus in Deutschland mit seinen Anfängen Ende der 1950er Jahre zu nennen. Die neu gewonnene Reisefreiheit und die damit verbundene, sich neu entwickelnde Camping-Kultur in Deutschland, bringt vor

---

37 Näheres zu Hellmanns Studie unter (Hellmann 2011).

38 Einen größeren historischen Rückblick zu einfachen Lebensformen unter (Alexander/McLeod 2014).

39 Gerade die Geschichte von Siddharta Gautama Buddha zeigt die Entwicklung hin zu einer minimalistischen Lebensweise. Mit 29 Jahren beschließt der junge Siddharta seine königliche Existenz in Verbindung mit materiellem Luxus aufzugeben und wendet sich stattdessen der radikalen Askese zu, so sucht er bei sich und in der Welt nach der spirituellen Wahrheit. Im Buddhismus wird diese meditative Selbstdisziplin als „mittlerer Weg" bezeichnet (vgl. Alexander 2016: 162 f.). Vgl. dazu auch die Erzählung *Siddharta* von Hermann Hesse (1922).

allem alternative Wohnformen auf kleinem Raum in Gestalt von Zelten, Wohn- und Schlafwägen hervor. Durch den neuen Trend der Camping-Kultur kam es zu einer neu gewonnenen Mobilität und Flexibilität für Reisende. Der bewusste Verzicht auf Luxusgüter und die Verbindung zur Natur waren und sind hier entscheidende Merkmale und werden ähnlich dem aktuellen *Tiny House Movement* mit einem neuen Bewusstsein hin zu einem freieren, alternativen und nachhaltigeren Lebensstil verknüpft.

Im Folgenden sollen diese drei maßgeblichen Strömungen als Vorläuferbewegungen des *Tiny House Movement* begriffen und anhand einer geschichtlichen Einbettung kurz vorgestellt werden. Dabei werden diese hinsichtlich ihrer Parallelen und ihrer Aussagekraft zum aktuellen Phänomen des *Tiny House Movement* untersucht.

2.2.1 Die Lebensreformbewegung um 1900

„Gesellschaftsveränderung durch Lebensreform" (Krabbe 1974: 11): Diesen Leitsatz machten sich die AkteurInnen der reformerischen Bewegung, die um 1900 in Deutschland und der Schweiz ihren Anfang nahm, zu eigen. Die ersten Züge einer Lebensreformbewegung können bereits im ersten Drittel des 19. Jahrhunderts durch den englischen Dichter und Vegetarierer Shelly zugeordnet werden. Als älteste Frühform kann hier zudem die sog. „Diätreform" Anfang der 1870er Jahre durch den vegetarischen Naturheilpraktiker Hahn genannt werden (ebd.: 12). Der Begriff der bis heute bekannten Lebensreform entstand jedoch voraussichtlich erst etwas später zwischen 1890 und 1900 (vgl. ebd.: 12). Unter Lebensreform versteht man „Bestrebungen zu einer Erneuerung der gesamten Lebensführung, bes. auf dem Gebiet der Ernährung, Kleidung, Wohnung, Gesundheitspflege" (Der Große Brockhaus 1953 ff.: 12 Bde., Bd. VII, Art. „Lebensreform" zit. nach Krabbe 1974: 12 f.).

Als Reaktion auf die Folgen der Industrialisierung und des damit verbundenen technischen Fortschritts und der fortschreitenden Urbanisierung der Städte, reagierte die reformerische Bewegung mit einem Gegenentwurf der Lebensreform auf soziale und ökonomische Wandlungsprozesse. Argumentiert wurde hier vor allem vor dem Hintergrund, dass durch die Implikationen der Industrialisierung und Urbanisierung irreversible Umweltschäden hervortreten, die eine Rückkehr zu einer natürlichen, antikulturalistischen Lebensweise erforderlich machen (vgl. Krabbe 1974: 13 f.).[40] In diesem Zusammenhang spricht Krabbe (1974) auch von einem „Antiurbanismus" (14), der das urbane Leben in Großstädten mit einer zusätzlichen Beraubung der Gesundheit assoziiert.

---

40 Die negativen Auswüchse der Industrialisierung, die sich vor allem in einer Beschleunigung des Lebensrhythmus einer erhöhten Mobilität und Kommunikation für das Individuum offenbarten, führte so in den Augen der LebensreformerInnen zur Entgrenzung des eigenen Selbst. Dieser Gedanke kann vor allem in Anlehnung an Simmels Analyse des reizüberfluteten Großstadtlebens gedeutet werden (vgl. Tripold 2012: 210).

Durch Urbanisierungsprozesse generierte Veränderungen in der natürlichen Umwelt und Lebenswelt der Menschen, folgte eine dementsprechende Entgrenzung gewohnter sozialer und geografischer Lebensgewohnheiten. Aus dieser Situation heraus lässt sich eine unsicher gewordene soziale Position des Bildungsbürgers erkennen (vgl. Barlösius 1997: 172)[41], die zu einer Romantisierung der Vergangenheit führte und den Drang hin zu einem vereinfachten, natürlichen Lebensstil hervorrief. Die als Gegenkultur zu interpretierende Lebensreformbewegung sah die Hinwendung zur Natur als logische Antwort auf einen sich vollziehenden Wandlungsprozess. So wurden „[...] eng umrissene Ziele sowie konkrete Feindbilder und Verbesserungsvorschläge" (Fritzen 2006: 12) entwickelt. Echtheit und Einfachheit waren die beiden Leitmotive der LebensreformerInnen: „Lebe einfach und mäßig in allen Stücken" (Buchholz 2001). Mit diesem moralischen Leitsatz weist Buchholz (2001) auf die von E. Hennes begründeten „Zwölf Lebensregeln" und den damit verbundenen moralischen Wert für AkteurInnen der Lebensreformbewegung hin (ebd.: 41). Ein asketischer Lebensentwurf sollte den ReformerInnen innerhalb einer „entgrenzten" Art der Lebensweise in der urbanen Industriegesellschaft Orientierung gewähren, so Bucholz. Lenkend war in diesem Zusammenhang vor allem der Grundgedanke einer „Selbstreform" (Krabbe 1974: 15; Tripold 2012: 212). VertreterInnen der Bewegung glaubten daran, mit ihrem eigenen Handeln perspektivisch das Handeln der gesamten Gesellschaft langfristig positiv beeinflussen zu können: „[...] die Reform der Gesellschaft [beginnt] beim Individuum, denn nicht politische Parteien und soziale Revolutionen vermöchten die Welt zu verbessern, sondern allein die Gesundung jedes einzelnen Menschen in seiner millionenfachen Anzahl" (Krabbe 1974: 15).

Betrachtet man das dieser Arbeit zu Grunde liegende Phänomen präziser, werden gerade in Bezug auf den Leitgedanken der Selbstaktivierung des Akteurs/der Akteurin Analogien zum aktuellen Phänomen minimalistischer Lebensweisen deutlich. AkteurInnen einer minimalistischen, nachhaltigen Lebensweise vertreten ähnliche Prinzipien. Gerade die moralische Verpflichtung gegenüber ökologischen Zusammenhängen und die Verantwortung für das eigene Leben, aber eben auch die Rückkoppelung des eigenen Handelns auf gesellschaftliche Strukturen, zeigen einen dementsprechend verwandten Ansatz zur Lebensreformbewegung auf (vgl. Kapitel 4.2.1.2, 4.2.2.3, 4.2.3). Parallelen zum Phänomen des *Tiny House Movement* und einer damit assoziierten minimalistischen Lebensweise, können aber nicht nur in Bezug auf eine „Selbstreform"

---

41 In der Habilitationsschrift von Barlösius *Naturgemäße Lebensführung* (1997), bemerkt sie, dass die Motivation und das erhöhte Interesse der VertreterInnen der Lebensreformbewegung im Bereich des Ernährungsstils „[...] vegetarisch zu leben, auf dem Hintergrund ihrer unsicheren sozialen Position zu interpretieren sind" (Barlösius 1997: 172).

erkannt werden, sondern auch insofern herausgearbeitet werden, dass auch ehema-
lige AkteurInnen, die sich einer bestimmten Lebensform verschrieben – ähnlich des
aktuellen Phänomens – mit Individuen aus dem Bildungsbürgertum in Beziehung
gebracht werden können (vgl. Barlösius 1997: 16; Kapitel 4.2.1). Unterdessen erstreckte
sich die Lebensreform auf etliche Bestrebungen, wie zum Beispiel die Bodenreform,
Kleidungsreform, Siedlungsreform, den Vegetarismus und die Wohnungsreform (vgl.
Krabbe 1974: 13), was ferner Parallelen zu aktuellen Nachhaltigkeitsbestrebungen (vgl.
Degrowth-Bewegung, Kapitel 2.4.1) einzelner Gegenbewegungen demonstriert. Ende
des 20. Jahrhunderts verlor die Wirkkraft der Lebensreformbewegung zwar an Bedeutung, wandelte sich jedoch hin zu einem Wellnesstrend, welcher bis heute den Gesund-
heitsmarkt dominiert (vgl. Fritzen 2006: 11 f.). Der Trend nach einem gesunden Lebensstil ist so auch heute unverkennbar und wird nach wie vor mit einem Trend zu gesun-
der Ernährung – Superfood, Bio-Lebensmittel, Entgiftungs-Diäten – einem Trend der
Körperkultur – Yoga, Meditation, Wandern – sowie der Etablierung alternativer Wohnformen wie den *Tiny Houses* assoziiert.
Bezüglich einer antiurbanen Einstellung wird die zeitliche Diskrepanz von über
100 Jahren zwischen den beiden Bewegungen deutlich. Der technische Fortschritt, der
bei den ReformerInnen noch als Gefahr betrachtet wurde, ist heute Alltag der modernen AkteurInnen nachhaltiger Gegenbewegungen wie der Minimalismusbewegung
und der des *Tiny House Movement*. Statt eine Gefährdung in der Industrialisierung und
Urbanisierung zu erkennen, werden die technischen Fortschritte und Vorteile einer
Großstadt vielmehr zur Realisierung eigener Vorteile, Ideen und Ideale genutzt.[42] Die
Konfrontation und die Reflexion von geltenden Werten und Normen, sowie aktuellen
gesellschaftlichen und ökonomischen Entwicklungen, ist hingegen nach wie vor ein
konstituierender Gesichtspunkt einer unmittelbar als minimalistischen Lebensweise
zu charakterisierenden Lebensform. Diese Aspekte können folglich als wesentliche
Teilaspekte sich neu entwickelnder, nachhaltiger Alternativ-Bewegungen wie der des
Tiny House Movement anerkannt werden.

---

42 So zum Beispiel die Möglichkeit des mobilen Arbeitens (Arbeitsnomaden) als auch die Chance, sich
    mit anderen AkteurInnen die ähnliche Interessen vertreten, regional und global vernetzen zu kön-
    nen. Zudem ist ein nachhaltiger Lebensstil in der Stadt oft einfacher für die AkteurInnen zu reali-
    sieren – in Form von Kleidertauschpartys, des Containerns durch Sharing Plattformen oder urbane
    Projektideen wie Urban Gardening sowie eine bessere Verfügbarkeit von Biosupermärkten (vgl. Ka-
    pitel 4.2.2.2).

2.2.2 Die Hippiebewegung als Gegenkultur ab den 1960ern

In den 1960er Jahren entwickelte sich eine von San Francisco ausgehende plurale Jugendsubkultur (vgl. Willis 2014: 120; Tripold 2012: 257)[43], die mit dem Begriff der Hippiebewegung einherging[44]. Ursprung der sich in den Sechzigerjahren formierten subkulturellen Strömungen und Protestbewegungen in den USA, die unter den Sammelbergriff „the sixties" oder auch unter dem Begriff der „counter culture" (Tripold 2012: 256) bekannt wurden, waren die negativen wirtschaftlichen, sozialreformistischen und ökologischen Umstände, die Zwänge des Kalten Krieges sowie des Vietnamkonflikts und der Umstand einer repressiven bürgerlichen Kultur (vgl. ebd.: 256). Die AkteurInnen der Hippiebewegung wurden aufgrund ihrer Naturverbundenheit auch häufig als „The Flower Children" (Brown 1967: 1) bezeichnet: „Die Hippiebewegung der 1960er Jahre war romantisch und visionär. Wie jede romantische Bewegung ist sie als Gegenentwurf zur etablierten Gesellschaft und als Gegenbewegung zur Technisierung, Kommerzialisierung und Konsum zu verstehen" (Veiz 2017: 37).

Der Historiker Toynbee beschreibt die Gegenkultur auch als „[a] red warning light for the American way of life" (Brown 1967: 1). Die Ablösung von gesellschaftlichen Zwängen sowie eine Abgrenzung vom gut bürgerlichen Elternhaus spielte dabei eine entscheidende Rolle. Grund der Ablehnung war vor allem die Abneigung gegenüber dem „American way of life", der häufig als Lebensstil der Elterngeneration gekennzeichnet war und mit einem gesteigerten Konsum und materiellem Luxus verbunden wurde. Brown beschreibt AnhängerInnen der Hippiebewegung als überwiegend weiße, bürgerliche, gebildete Jugendliche im Alter von 17–25 Jahren, die Liebe und Frieden als das ethische Schlüsselelement lebten und dieses auch entsprechend propagierten (vgl. Brown 1967: 15).

Als Ideale der Hippiebewegung gelten vor allem die „[...] Naturbezogenheit, Friedfertigkeit, Mystizismus, Spiritualität und [der] Idealismus" (Veiz 2017: 37). Ein philosophisches Fundament der Hippiebewegung ist auf den Philosophen Rousseau zurückzuführen, der mit seinen Schriften den Zustand des individuellen Menschen in Beziehung und gleichzeitiger Entgrenzung zur Natur mit „dem Weg zurück zur Natur"[45] und mit

---

43 „Besonders die Bay Area von San Francisco kann – ähnlich dem Monte Veritá als Kulminationsort der Erprobung neuer Lebensstile von Aussteigern, Anarchisten, Künstlern und Intellektuellen betrachtet werden. [...] Der Boden für gegenkulturelle Aktivitäten wurde hier schon in der Nachkriegszeit durch die *San Francisco Renaissance* bereitet" (Tripold 2012: 257).

44 „Hip" bedeutet in der deutschen Etymologie „angesagt, cool". Die Bezeichnung „Hippie" stammt vom englischen Wort „hip" was dort zu Lande „zeitgemäß, informiert, aktuell" bedeutet. Der Begriff etablierte sich in den 1940er und 1950er Jahren, zur Zeit der Beat-Generation (vgl. Tripold 2012: 258). Eine genauere Definition sowie Etymologie des Wortes „hip" (vgl. Issitt 2009: 57 ff.).

45 Vgl. Stackelberg (1999): *Jean-Jacques Rousseau: Der Weg zurück zur Natur.*

dem „Naturzustand des Menschen"[46] beschrieb. Seine Werke gelten als Basislektüre der sogenannten Hippies, da sie den Kerngedanken der Bewegung wiederspiegelten, der mit dem idealistischen Ziel eines romantisch verklärten Naturzustandes verbunden war: „Rousseaus Texte werden als Gegenentwurf zur gängigen westlichen Gesellschaftsform angesehen, in der individueller Erfolg, materieller Besitz und Reichtum die wichtigsten Ziele sind" (Veiz 2017: 40).

Auf Grundlage des Zielgedankens der Hippiebewegung „Zurück zur Natur" nach Rousseau aber auch durch die Inspiration des Vordenkers und Philosophen Thoreau und seinem Buch *Walden oder Leben in den Wäldern* (1854)[47], entstanden in den 1960er Jahren diverse alternative Landkommunen in den USA und in Europa. Die Idealvorstellung einer friedliebenden, natürlichen, sich selbst versorgenden Gemeinschaft fern ab von Urbanität und Industrie, führte zu alternativen Lebens- und Wohnformen wie dem Kommunenleben. Die erste innerstädtische Kommune wurde 1967 in Berlin unter dem Namen Kommune 1 gegründet, welche zahlreiche Nachahmer mit sich brachte und bis heute deutschlandweit mit der Hippiebewegung assoziiert wird (vgl. Veiz 2017: 41).

An politischer Bedeutung gewann die Gegenbewegung durch die Friedensbewegung gegen den Vietnamkrieg der USA, sowie dem Engagement für die afroamerikanische Bevölkerung und der Emanzipationsbewegung. Insbesondere die Identifikation mit unterprivilegierten Gesellschaftsgruppen gilt als Merkmal der Hippiebewegung. Ziel der Identifikation mit Randgruppen war es, sich einer dichten Erfahrung mit sozial Schwächeren hinzugeben, um die Natürlichkeit des Menschen innerhalb einer primär materiell geprägten Gesellschaft wahrzunehmen. Die Milieus unterdrückter Kulturen, welche für die Hippies die reale, natürlichere Kultur des Menschen darstellten, wurden genutzt, um Kritik an der leistungsorientierten Gesellschaftsordnung und der auf Konsum ausgerichteten Lebensmodelle der Gesellschaft zu üben (vgl. Willis 2014: 120 f.). Die Gegenkultur der neoromantischen Hippiebewegung wurde durch ihre starke Kommerzialisierung Ende der 1960er Jahre von diversen alternativen Bewegungen abgelöst. Hieraus bildete sich die ökologische Bewegung der 1980er Jahre und diverse kleinere Friedensbewegungen (vgl. Veiz 2017: 39).

Das aktuell zu untersuchende *Tiny House Movement* ist keineswegs mit einer derart großen Gegenkultur wie der Hippiebewegung gleichzusetzen; dennoch lassen sich bezüglich der Motivation und der Lebensstile der AkteurInnen damals und heute Parallelen beobachten. Gerade die Abgrenzung von bestehenden Lebensentwürfen, das Infragestellen und die Kritik an der kapitalistischen Konsumkultur (vgl. Kapitel 4.2.3) sowie die Auflehnung gegen politische Versäumnisse (vgl. Kapitel 4.2.2), zeigen Verwandtschaften der beiden Bewegungen auf. Auch innerhalb des Phänomens des *Tiny*

---

46   Vgl. Rousseau (2017): *Der Gesellschaftsvertrag: Prinzipien des politischen Rechtes.*
47   Vgl. Thoreau (1971): *Walden und Leben in den Wäldern.*

House Movement streben die VertreterInnen durch eine minimalistische, konsumreduzierte Art des Wohnens und Lebens eine Suche nach sich selbst und der Verwirklichung der eigenen Person an (vgl. Kapitel 4.2.1.2, 4.2.3). Ferner sind VertreterInnen beider Bewegungen auch hier – wie für die Lebensreformbewegung bereits festgestellt – einem Phänomen der Mittelschicht zuzuordnen (vgl. Brown 1967: 15; Kapitel 4.2.1). Eine entscheidende Parallele macht sich hier vor allem in dem Versuch hin zur Etablierung neuer Wohn- und Lebensformen als Gegenentwurf zu gesellschaftlichen Normvorstellungen bemerkbar. Ähnlich zu dem Leben in Kommunen streben auch VertreterInnen des *Tiny House Movement* nach einem gemeinschaftlichen Wohnkonzept in Form von sogenannten *Tiny House Villages* (vgl. Kapitel 4.2.1.2). Innerhalb dieser Villages wird auch hier in Anlehnung an ländliche Hippiekommunen der 1960er Jahre das Ziel angestrebt, weitgehend autark, frei und ohne einen hohen Verbrauch an Ressourcen in einem Kollektiv Gleichgesinnter zu leben. Der Zielgedanke hin zur Gründung einer Gemeinschaft, die gleiche Interessen und Visionen bezüglich einer nachhaltigen, minimalistischen Lebensweise vertritt und darüberhinaus gegenseitigen Austausch und gegenseitige Unterstützung gewährleistet, scheint hier konform (vgl. Kapitel 4.2.1.2, 4.2.3). Die Art und Weise des Wohnens in kleinen mobilen Häusern unterscheidet sich auch hier nicht zwingend. Zwar wurde in Hippiekommunen nicht in *Tiny Houses*, wie wir sie heute kennen, gewohnt, allerdings erfreuten sich auch hier alternative Wohnmodelle wie der VW-Bulli großer Beliebtheit, was durchaus als eine Form des minimalistischen Wohnens deklariert werden kann. Ein entscheidender Unterschied der beiden Bewegungen ist vor allem darin zu erkennen, dass sich AkteurInnen des *Tiny House Movement* selbst nicht zwingend mit dem Begriff einer Gegenbewegung assoziieren, sondern vielmehr versuchen, innerhalb aktueller Gesellschaftsstrukturen auf eine gesamtgesellschaftliche Veränderung abzuzielen (vgl. Kapitel 4.2.2.3, 4.2.3); die Hippiebewegung hingegen grenzte sich als Gegenbewegung klar von der normativen Gesellschaft ab. Trotz einer klaren Abgrenzung gegen die kapitalistische Konsum- und Wachstumskultur, sowie gesellschaftliche und politische Problemlagen wie die Wohnungsnot, leben die AkteurInnen des *Tiny House Movement* meist mitten in gesellschaftlichen Strukturen und versuchen mittels alternativer Wohnkonzepte und Lebensstile einen Umgang mit der aktuellen Problematik aufzuzeigen und sich nicht als Gegenkultur zu positionieren.

2.2.3 Die Camping- und Wohnwagenkultur in Deutschland

Das mobile, minimalistische Wohnen war schon in der Geschichte der Nomadenvölker in Form von Jurten oder anderen beweglichen Unterbringungen als Teil derer Wohn-, Lebens-, und Alltagswelt verbreitet (vgl. Thünker 1999: 8). Die ersten WegbereiterInnen der Camping-Kultur sind vor allem im Bereich der Outdoor- und naturverbundenen Sportarten wie PaddlerInnen, RadfahrerInnen, WanderInnen und BergsteigerInnen zu konstatieren. Der Begriff des Campings[48] – wie wir ihn heute verstehen – war hier jedoch noch mit der einfachen Assoziation des Zeltens verknüpft (vgl. Häußer/Merkel 2009: 373).

Die ersten Campingclubs wurden bereits Anfang des 20. Jahrhunderts in Europa gegründet, woraufhin auch die Gründung erster Campingplätze folgte. Von einem regelrechten Campingboom,[49] der sich vor allem in den 1960er Jahren ausbreitete und Mitte der 1970er Jahre in einen vorläufigen Höhepunkt gipfelte, kann man in Deutschland also erst nach dem Zweiten Weltkrieg sprechen. Thünker (1999) beschreibt die VertreterInnen des Campings-Phänomens als „moderne Nomaden" und spricht von einer „Massenbewegung um die Jahrhundertwende" (vgl. 7).

Noch heute wird Camping nach wie vor als attraktive Reiseform wertgeschätzt. Das *Bundesministerium für Wirtschaft und Technologie (BMWi)* hat in Zusammenarbeit mit dem *Allgemeinen Deutschen AutomobilClub (ADAC)* und dem *Bundesverband der Campingwirtschaft in Deutschland (BVCD)* eine Studie über den Campingmarkt in Deutschland in Auftrag gegeben, in der abermals bestätigt wurde, dass der Campingtourismus nach wie vor ein wesentlicher Bestandteil der deutschen Tourismuswirtschaft ist (vgl. BMWi 2010: 4).

CampingurlauberInnen sind keineswegs auf eine bestimmte Altersklasse beschränkt. Abgesehen von der Altersgruppen der über 70-Jährigen und Jugendlichen unter 19 Jahren, scheint die Reiseform für alle Generationen attraktiv. Ferner ist der Campingurlaub nicht mit AkteurInnen unterer Einkommensgruppen in Verbindung zu bringen, sondern wird mehrheitlich von Angehörigen der mittleren Einkommensgruppen unternommen (vgl. ebd.: 18). Die intrinsische Motivation, die wohl alle CampingliebhaberInnen vereint, ist ein „[...] Traum von Freiheit, Körperertüchtigung, Naturverbundenheit, der sich gegen Konsum, Bequemlichkeit und Massentourismus richtet" (Häußer/ Merkel 2009: 373). Der Campingplatz stellt einen Ort außerhalb der Alltagszwänge dar,

---

48 „Als Camping bezeichnet man ‚ein zum Zweck der Erholung im Freien geführtes Leben (Urlaub und Naherholung) mit zeitweiligem Aufenthalt in einer transportablen Unterkunft (Zelt, Wohnwagen, Reisemobil)' und damit sowohl eine mobile Freizeitwohnform – unter anderem im Bereich der Naherholung – als auch eine bestimmte Urlaubsreiseform" (Definition des Deutschen Fremdenverkehrsverbandes von 1985, zit. nach Wolter 2009: 266).

49 Ein regelrechter Campingboom war nicht nur in Westdeutschland zu vermerken, sondern entwickelte sich zudem vor allem in der DDR, die auf eine Zunahme der Möglichkeit Ende der fünfziger Jahre, wieder vermehrt reisen zu können, zurückzuführen ist. Trotz der Befürchtung einer „kleinbürgerlich-kapitalistischen Individualisierung" wurden alternative Reiseformen wie das Camping ab 1956 befördert (vgl. Wolter 2009: 266). Der Wunsch nach Unabhängigkeit machte sich vor allem in der Gestaltung des Campingequipments bemerkbar, längst war nicht mehr nur das Zelt auf Campingplätzen aufzufinden, sondern spezielle Vorrichtungen wie Dachzelte, selbstgebaute Caravans und Wohnwägen, die die Reisegestaltung noch unabhängiger und individueller machte (vgl. Bütow 1996: 106 f.).

der auch mit einem „vereinfachten Gegenentwurf zum Normalleben" (Hennig1997: 33) beschrieben werden kann. Auch der amerikanische Soziologe Etzkorn bemerkte in seiner Forschung als beständigsten Wunsch und Motiv der CamperInnen die Möglichkeit der Abgrenzung zum Alltagsleben, sich also von „Zwängen, Routinen und Bindungen des Alltags" loszulösen (vgl. Hennig 1997: 37). Grundlegend für das bedeutsame Gefühl von Freiheit scheint hier der Bezug zur Natur zu sein. Hennig (1997) beschreibt die Intensivierung der Naturerfahrung dahingehend, dass durch den Wohnraum eines Zeltes oder Wohnwagens die Nähe zur natürlichen Umgebung stärker wahrgenommen werden kann, als es in einem Wohnhaus der Fall ist. Das sonst urbane Leben tritt während der Campingerfahrung in den Hintergrund, natürliche Zeitrhythmen intensivieren sich und soziale Differenzen sowie soziale Normen werden von den AkteurInnen als weitaus trivialer empfunden, so Henning (vgl.: 36).

„Ein ungewöhnlicher sozialer Kosmos entsteht. Er ist weniger komplex und differenziert als der Alltag. In manchem ähnelt er der Spiel-Welt der Kinder und trägt – in der Rekonstruktion des Alltags unter ‚außergewöhnlichen' Umständen – Züge von Fest und Ritual. Er stellt in der subjektiven Wahrnehmung der Camper ein Reich der Freiheit dar. Zugleich bringt er relative Nähe und relative Gleichheit. Es scheint, als seien Züge der politischen Utopie in die Freizeitwelt abgedrängt worden, wo sie einer Verwirklichung näherkommen als im Normalleben – und sei es als Karikatur" (Hennig 1997: 37).

Die Loslösung von starren Strukturen durch den Wechsel des Wohnraumes in ein Zelt oder einen Wohnwagen, so Hennig, führen zu einem Gefühl der Unabhängigkeit, aber womöglich auch nur zur Illusion dieser Autonomie. Durch die Möglichkeit sich mit einem autarken und mobilen Reisemobil wie einem Wohnwagen fortzubewegen, scheint ein Gefühl der Selbstbestimmung und Subjektivierung einherzugehen (vgl. Hennig1997: 35). Die soziale Realität der AkteurInnen erlangt einen neuen Charakter und wird durch den Ortswechsel vom festen Haus/einer festen Wohnung in ein mobiles Heim mit neuen Werten wie Autonomie, Einfachheit, Naturverbundenheit und sozialer Gleichheit aufgeladen. Die Alltagswelt wird neu konstruiert: „In dieser merkwürdigen Spannung von Vertrautem und Neuen, Routine und – begrenzter – Kreativität entfaltet sich die Sozialwelt des Campings" (ebd.: 37 f.).
Das sich aus der Camping-Kultur herauskristallisierte Phänomen des Dauercampings stellt in Bezug auf das aktuell zu untersuchende Phänomen des *Tiny House Movement*, verbunden mit dem Aspekt eines an Nachhaltigkeit orientierten Mikrowohnens, einen entscheidenden Gesichtspunkt dar: „Dauercamping ist ein Phänomen, das an der Nahtstelle zwischen ‚Arbeit, Freizeit, Reisen' [...] liegt und diese einzelnen Aspekte miteinander verknüpft" (Hofman 1994: 92).

Das studentische Projekt am Institut für Kulturanthropologie und Europäische Ethnologie an der Universität Frankfurt erforschte die Themen Dauercamping und Klein-
gärten bereits in den 1990er Jahren. Als Erkenntnisinteresse der Forschung sollte vor
allem der Aspekt der Selbstwahrnehmung von DauercamperInnen analysiert und herausgearbeitet werden. Während des Forschungsprozesses kamen die Studierenden zu
der Erkenntnis, dass sich Dauercamping als eine Form des „Freizeitwohnens" interpretieren lässt (vgl. ebd.: 92). In Abgrenzung zu anderen AkteurInnen, die diesen kosten-
günstigen Wohnraum beispielsweise durch eine prekär verursachte Lage nutzen müssen, wird die Pachtung einer Parzelle auf Dauer von befragten CamperInnen vielmehr
als Form des Freizeitvergnügens, Zweitwohnsitzes und Wochenenddomizils deklariert.
Die Motivation von DauercamperInnen unterscheidet sich dabei nicht zwingenderma-
ßen von den AkteurInnen des traditionellen Campings. Auch hier spielen Begriffe wie
Selbstbestimmung, Zwanglosigkeit, Hilfsbereitschaft und Naturverbundenheit eine
entscheidende Rolle (vgl. ebd.: 98).
Der Begriff des Dauercampings ist bis heute mit eher negativen Assoziationen verknüpft und wird so wiederholt mit Spießigkeit gleichgesetzt. UrlaubscamperInnen
deuten das Phänomen häufig als Massenerscheinung und Folge der Urbanisierung (vgl.
ebd.: 95). Der Unterschied zum Urlaubscamping bezieht sich vor allem auf die Divergenz der Dauer des Aufenthalts, wodurch in der Form des Dauercampings eine zusätzliche Verbindung zum Alltag geschaffen wird. Hofman (1994) formuliert in diesem
Zusammenhang den Caravan als zentrales Element, der eine Verbindung von Alltag
und Freizeit erst möglich macht. Der Caravan als Objekt steht so „[...] gleichermaßen
für ‚Nähe' und ‚Ferne' [...]. Im Symbol ‚Caravan' verdichtet sich so die Widersprüch-
lichkeit, die im Begriff ‚Dauer-Camping' selbst schon angelegt ist: Dauercamping steht
sowohl für die Sicherheit des Vertrauten, für das Zuhause, als auch für die Abgrenzung
davon" (Hofman 1994: 92).
Die AkteurInnen sehen ein positives, romantisiertes Bild darin, welches vor allem mit
Eigenschaften wie „Flexibilität, Zwanglosigkeit, Naturverbundenheit und Lässigkeit"
(vgl. ebd.: 102) in Verbindung gebracht werden. Der Wohnwagen soll somit nicht nur
das Symbol von Unabhängigkeit und Selbstbestimmung versinnbildlichen, sondern er
steht vielmehr für internalisierte Werte wie Weltoffenheit und eine kosmopolitische
Einstellung unter den IndividualistInnen (vgl. ebd.: 103). Das Wohnen in einem Wohnwagen oder Camper scheint so für viele DauercamperInnen mit dem zentralen Element der Freiheit verbunden, was zusätzlich mit der Tatsache der Mobilität begründet
wird (vgl. ebd.: 98).
Allein die Gegebenheit des minimalistischen Wohnens zeigt eine Parallele der Cam-
ping- und Caravan-Kultur zum *Tiny House Movement* auf. Sowohl in minimalistischen
Wohnalternativen wie Zelt, Caravan oder dem Wohnwagen wird den AkteurInnen,
ähnlich wie bei einem *Tiny House*, die Reduktion auf wesentliche Sachgüter sowie

ein vereinfachter Lebensstil abverlangt. Der Raum per se scheint mit einer Reduktion einherzugehen, da er keinen endlosen Materialismus zulässt (vgl. Kapitel 4.2.3). Auch die Verortung der AkteurInnen in der Mittelschicht (vgl. Kapitel 4.2.1) zeigt sich wie bei den beiden anderen vorgestellten Vorläuferbewegungen simultan. Subjektive Entfaltungsprozesse wie das Gefühl nach Unabhängigkeit und Autonomie scheinen durch die Möglichkeit der Flexibilität und Mobilität des Caravans mit der Mobilität des *Tiny Houses* innerhalb des aktuellen Phänomens inhärent. Der Bezug zur Natur in Abgrenzung zu urbanen Lebensstilen und -strukturen, wie er innerhalb der Camping- und Dauercamping-Kultur von AkteurInnen beschrieben wird, unterscheidet sich hier gewissermaßen. Die Beziehung zur Natur offenbart sich hier eher in einer nachhaltigen, ökologischen Motivation, neue Möglichkeitsräume innerhalb des urbanen Raums in Form alternativer, nachhaltiger Wohnkonzepte wie den *Tiny Houses* zu schaffen. Die Naturverbundenheit macht sich so also eher in einem nachhaltigen, ökologischen, konsumreduzierten und kritischen Lebensstil bemerkbar (vgl. Kapitel 4.2.3, 4.2.2.3). Das Phänomen Dauercamping unterscheidet sich auch insofern von dem modernen *Tiny House Movement*, indes die Motivation des Freizeitwohnens sich nicht in einer politisch motivierten Ausgangslage zeigt. Auch wird der Dauercampingplatz nicht als Erstwohnsitz genutzt, sondern vielmehr als Freizeitwohnen wahrgenommen, wohingegen das *Tiny House Movement* danach strebt eine dauerhafte Wohnalternative zu generieren (vgl. Kapitel 4.2.2.1). Das Stigma von außen scheint auch eine entscheidende Divergenz der beiden Phänomene zu sein. *Tiny Houses* und die damit verbundenen AkteurInnen gelten als hip und angesagt und sind in der Regel gesellschaftlich legitimiert, wohingegen DauercamperInnen nach wie vor negativ konnotiert werden. Entscheidend scheint hier als Parallele die Zuwendung zu einer mobilen und minimalistischen Wohnform, die sich in einem damit verbundenen Gefühl von subjektiver Freiheit, Gemeinschaftlichkeit, einer Verbindung zu natürlichen Strukturen, sowie einer Abgrenzung von sozialen und gesellschaftlichen Zwängen bei den AkteurInnen zeigt.

2.3 Das *Tiny House Movement* als soziale Gegenbewegung und Form des sozialen Protests?

Alternative Wohnformen und das Leben auf kleinem, mobilem Raum scheinen zu einem globalen Trend des 21. Jahrhunderts geworden zu sein. Angrenzend dazu stellt sich nicht nur die Frage nach der intrinsischen Motivation der AkteurInnen, sondern auch die Frage danach, warum das zu untersuchende Phänomen mit dem Begriff eines *Movements*, also auf Deutsch einer Bewegung einhergeht. Um der Bedeutung des Begriffs in diesem Zusammenhang auf den Grund zu gehen, soll versucht werden das *Tiny House Movement* als Form einer sozialen Gegenbewegung zu begreifen.

Durch das vielfältige Repertoire an unterschiedlichen Begriffsbestimmungen, Protestformen und Ausprägungen sozialer Bewegungsformen ist eine klare Definition durchaus schwer darzulegen. Versucht man den Begriff der sozialen Bewegung dennoch zu
erläutern, seien die Überlegungen des US-amerikanischen Historikers, Politologen und
Soziologen Tilly zu betonen. Schönberger und Sutter (2009) gehen in ihrem Werk zur
Geschichte der Protestformen sozialer Bewegungen auf dessen Ideen ein und rezitieren
den Begriff wie folgt: Es wird dann von einer sozialen Bewegung gesprochen,

„[...] wenn es zu einer kontinuierlichen und andauernden Artikulation von Protest kommt.
Dafür bedarf es der Interaktion von Protestierenden, die die Ziele oder Gründe ihres Protests in einer öffentlichen Kampagne (campaign) äußern und sich dabei verschiedener Formen von Praktiken der inszenierten sowie ritualisierten Darstellung und Kommunikation
bedienen. Die Bedeutsamkeit der Forderungen ergibt sich durch ein massenhaftes, gemeinsames und verbindliches-engagiertes Eintreten gegenüber den KonfliktgegnerInnen und der
Öffentlichkeit, in dessen Verlauf sich Formen und Umrisse kollektiver sozialer Bewegungen
herausbilden. Für viele soziale Bewegungen lässt sich durchaus jener Marx'sche Imperativ
konstatieren, alle Verhältnisse umzustürzen, in denen der Mensch ein unterdrücktes oder
geknechtetes Wesen ist" (9 f.).

Bei dieser Charakterisierung des Begriffes wird unverkennbar, dass unter sozialem
Protest durchweg ein Zusammenschluss einer Menschenmasse verstanden wird. Die
soziale Bewegung wird sichtbar, wenn sie in Gestalt eines öffentlichen Protests unter
Mitwirkung von Protestaktivitäten durchgeführt wird. Hier gilt der Protest als Indi-
kator eines gesellschaftlichen Konflikts und wird durch diverse Handlungsformen
nach außen getragen. Das Erscheinungsbild und die damit intendierten Merkmale
einer sozialen Bewegung können sich, nach Schönberger und Sutter (2009) zu urteilen,
jedoch mit der Zeit verändern und sich durch fortschreitende Entwicklungen – zum
Beispiel technische Neuerungen – zeitliche Veränderungen sowie nicht intendierter
Effekte neu definieren (vgl.: 9). Weitere Definitionskriterien für den Begriff der sozialen
Bewegung lassen sich im Zeitlichen, der Kontinuität, der Verfolgung gleicher Werte
und Normen, der Gebundenheit an soziale Konflikte, sowie dem Protest gegen hege-
moniale Strukturen festmachen. Die italienische Politikwissenschaftlerin Della Porta
(1999) konstatiert in diesem Zusammenhang folgenden Definitionsversuch der sozialen Bewegung: „We will consider social movements – and, in particular, their political
component – as (1) informal networks, based on (2) shared beliefs and solidarity, which
mobilize about (3) conflictual issues, through (4) the frequent use of various forms of
protest" (16). Im Sinne des zu untersuchenden Phänomens stellt sich die Frage, ob sich
das *Tiny House Movement* wirklich als soziale Bewegung und als eine Form des sozialen
Protests äußert, oder ob es hier einer anderen Zuschreibung bedarf. Um der Antwort

auf diese Frage näher zu kommen, sollen im Folgenden verschiedene Ebenen, Dimensionen und Modi des Protesthandelns einer sozialen Bewegung im Hinblick auf das Phänomen des *Tiny House Movement* geprüft werden.

Im Allgemeinen wird davon ausgegangen, dass bestimmte Handlungsformen einer politischen Aktion als Kennzeichen einer sozialen Bewegung anhaften. Unterdessen gehen Schönberger und Sutter (2009) davon aus, dass es zwar charakteristische Strukturen innerhalb einer politischen Handlung im Sinne eines sozialen Protests gibt, diese aber dennoch von ihrer Form und Kategorisierung abweichen können und sich so in unterschiedlichen Dimensionen einer Protesthandlung offenbaren (vgl.: 19).

Hier kann zunächst zwischen „legalen" und „illegalen" Modi des Protests nach Volkmann (1977) differenziert werden. Dabei bezieht er sich auf aktuelle Gesetzeslagen und ordnet die jeweiligen Protestformen in die beiden Modi „gesetzestreu" und „gesetzeswidrig" ein (vgl. ebd.: 17). Auch Rucht (1984) plädiert dafür, eine präzise Unterscheidung der verschiedenen Handlungsdimensionen zu treffen. Er konstatiert in diesem Zusammenhang eine Abgrenzung von Protestformen radikaler Art mit anderen Handlungsmodi, die sich in „gewaltfreien Auseinandersetzungen" äußern und sich in „unkonventionellen Protestformen" wie „direkte[n] Aktionen" (ebd.: 9) präsentieren. Unter einer „unkonventionellen Protestform" könnte so unter Umständen auch das Bauen von Tiny Häusern als alternative Wohnform verstanden werden. Die Zuwendung zu einer nachhaltigen Lebensweise, die sich in Form einer systemkritischen Konsumkritik offenbart (vgl. Kapitel 4.2.2.3), könnte so als „direkte Aktion" und Form des unkonventionellen Protests gegen bestehende Gesellschaftsstrukturen begriffen werden.

Seit den 1960er Jahren hat sich der Begriff des sozialen Protestes ohnehin in Richtung eines gewaltfreien Widerstandes entwickelt und grenzt sich somit zunehmend von traditionellen Merkmalen einer Protesthandlung – also gewaltvollen Handlungen – ab. In diesem Zusammenhang führen Schönberger und Sutter weitere Differenzierungen zwischen legalen, disruptiven und militanten Aktionen nach Rucht und Kretschmer (1988) an. Eine „disruptive Aktion" meint in diesem Zusammenhang eine bewusst von AkteurInnen eingegangene Aktion, die sich am Rande der Legalität bewegt und dessen ungeachtet ausgeführt wird (ebd.: 18). Um der Frage hinsichtlich der Untersuchung des *Tiny House* Phänomens als soziale Bewegung auf den Grund zu gehen, könnte hier die Form der disruptiven Aktion als Kennzeichen des sozialen Protests Aufschluss geben (vgl. ebd.: 18). Wie bereits aufgezeigt, handelt es sich beim Bauen und Leben im *Tiny House* im Allgemeinen um eine illegale Praxis in Deutschland. Durch die Tatsache, dass VertreterInnen innerhalb einer gesetzlichen Grauzone agieren, kann das Phänomen unter Umständen als entsprechender Handlungsmodus der Protestform kategorisiert werden. Die bewusste Entscheidung, bürokratische Hürden zu umgehen und eine als unrechtmäßig einzustufende Handlung auszuführen, geht mit dem Wissen einher juristisch belangbar zu sein, was die Handlung im Sinne einer Protesthandlung verstärkt. Die AkteurInnen des *Tiny House Movement* sind sich ihrer unsicheren Lage durchaus bewusst. Da bisher jedoch keine rechtlichen Konsequenzen für das Wohnen in, oder den Besitz von einem solchen *Tiny House* bekannt sind, fühlen sich die Personen weitgehend sicher. Die Handlung wird ferner durch eine gesellschaftliche Legitimierung, im Sinne eines positiven Effekts auf das Gesellschaftssystem, gerechtfertigt (vgl. Kapitel 4.2.3).

Infolgedessen kann auch die unkonventionelle Protestform und emanzipatorische, politische Praxis der Kommunikationsguerilla (2001) erwähnt werden. Das Handbuch der Kommunikationsguerilla – welches von MitgliederInnen der *autonomen a.f.r.i.k.a. Gruppe* ins Leben gerufen wurde – kann hier als entscheidende Protestform in Zusammenhang mit dem zu untersuchenden Phänomen angeführt werden. Der Begriff „Kommunikationsguerilla" kann als Bezeichnung und Guerilla-Metapher des semiologischen Guerilla-Begriffes nach U. Eco begriffen werden und lehnt an die sich entwickelnde, „Spaßguerilla" der Studentenbewegung der 1960er Jahre um F. Teufel an (vgl. Völlinger 2010: 85).

„Mit dem Konzept Kommunikationsguerilla möchten sie zu anderen Formen der politischen Auseinandersetzung anregen, die zwar schon lange zur Praxis linker Gruppierungen gehören, aber allzuoft als nicht ernstzunehmende Späßchen am Rande der eigentlichen politischen Arbeit unterschätzt wurden. [Das] ‚Handbuch der Kommunikationsguerilla' diskutiert solche Formen subversiver politischer Praxis, ihre Bedingungen, Möglichkeiten und Grenzen" (autonome a.f.r.i.k.a. et al. 2001: 5).

Im Sinne der Zielsetzung der Kommunikationsguerilla geht es weniger um den aktiven Protest in Gestalt eines konkreten Handlungsimpulses, sondern primär um ein kollektives, inhaltliches und politisches Anliegen. Das Fundament der Organisation richtet sich primär gegen politische GegnerInnen sowie eine adressierte Öffentlichkeit. Sie kann jedoch auch als Mittel des Gruppenzusammenschlusses verwendet werden, was vor allem eine gesteigerte Kommunikation untereinander voraussetzt (vgl. ebd.: 5). Unter Betrachtung der Zielsetzung der Kommunikationsguerilla im Zusammenhang mit dem Phänomen des *Tiny House Movement* kann dieses durchaus in Gestalt eines solchen, eher passiven Protestes in Form eines kollektiven, inhaltlichen und politischen Anliegens verortet werden. Den AkteurInnen geht es weniger um einen aktiven Protest und konkrete Handlungsimpulse, sondern vielmehr um einen kollektiven Zusammenschluss, die Vertretung gleicher Inhalte und Werte sowie einem politischen Ansatz, der darauf abzielt, neue Alternativen in Abgrenzung zu einer Konsum- und Wachstumsgesellschaft zu formulieren (vgl. Kapitel 4.2.1.2, 4.2.2.3, 4.2.3) Dabei wird das politische Anliegen unter VertreterInnen des *Tiny House Movement* meist klar artikuliert (vgl. Kapitel 4.2.2) und richtet sich vermehrt gegen das politische System des Konsums und der Ressourcenverschwendung sowie politische Versäumnisse, die zu Wohnungsnot und hohen Mietpreisen in Industrienationen führen. Ferner äußert sich die starke Kommunikation innerhalb der Bewegung als entscheidender Aspekt, ganz nach dem Prinzip der Kommunikationsguerilla (vgl. Kapitel 4.2.2.3). AkteurInnen des *Tiny House Movement* befinden sich im regen Austausch mit anderen InteressensvertreterInnen. Dabei streben viele von ihnen langfristig sogar gemeinsame Wohnkollektive in sogenannten *Tiny-House*-Dörfern oder gemeinschaftliche Zwischenraumnutzungsprojekte an (vgl. Kapitel 4.2.1.2, 4.2.2.2). Durch die Vielzahl an Möglichkeiten digitaler Medien und Plattformen zum Austausch untereinander wird es Interessierten ermöglicht, sich bundesweit und global in Gruppen zu vernetzen. Das World Wide Web als Instrument eröffnet so die Chance sich grenzenlos im Kollektiv mit Gleichgesinnten zusammenzufinden und so in Form kollektiver alternativer Projekte an akuten gesellschaftlichen und politischen Problemlagen – wie zum Beispiel der Wohnungsnot – zu arbeiten. Die Verfolgung eines politischen Anliegens wird dabei klar formuliert (vgl. Kapitel 4.2.2), was als essentielles Merkmal einer sozialen Bewegung anerkannt wird. Als auszuübende Handlung oder Handlungsimpuls kann hier der Bau eines *Tiny Houses* selbst, sowie eine minimalistische Wohn- und Lebensform im *Tiny House*, verstanden werden, da durch den Bau und die alternative Lebensweise ein politischer Anstoß von den AkteurInnen generiert werden soll, der langfristig zu gesellschaftlichen Veränderungen führt (vgl. Kapitel 4.2.3).

Schönberger und Sutter (2009) werfen dabei die Frage auf, welche Zielsetzung hinter bestimmten Taktiken und Handlungsformen grundlegend erreicht werden sollen und welche Methoden und Techniken zu diesem Zweck Verwendung finden. Dahingehend haben sie drei Ebenen entwickelt, auf denen Protestformen verortet werden (vgl.: 18 f.). Zunächst wird eine Unterscheidung zwischen „interner" und „externer" Kommunikation genannt. Dabei ist entscheidend, dass sich die „interne, kommunikative Protestform" auf den Informationsaustausch innerhalb der Gruppierung bezieht, wohingegen die „externe Kommunikation" die Mobilisierung der Öffentlichkeit zur Folge haben soll. Dabei verfolgt die „externe, kommunikative Protestform" das Interesse eine Gegenöffentlichkeit zu erzeugen oder auch einen Wandel der „öffentlichen Meinung" innerhalb der Gesellschaft anzustreben (ebd.: 19 f.). Des Weiteren können drei, sich voneinander unterscheidende, „idealtypische Modi" im Sinne einer sozialen Protestform charakterisiert werden: „[...] die Expertisestrategie, die Aktivierungs- und Solidarisierungsstrategie, sowie die Kommunikationsguerilla" (ebd.: 20).

In Bezug auf die zu klärende Fragestellung kann das *Tiny House Movement* vor allem dem Modus der Kommunikationsguerilla als alternative Protestform zugeordnet werden. Diese Form der Protesthandlung bedient sich sowohl einer „internen", als auch einer „externen" Kommunikation (ebd.: 19 f.). Angrenzend daran werden keine eigenen

Informationen generiert, sondern vielmehr eine Korrektur aktueller gesellschaftlicher und politischer Strukturen an schon bestehenden Informationen angestrebt, um dauerhaft ein kritisches Denken in- und außerhalb des kollektiven Zusammenschlusses zu gewährleisten:

„Sie [die Kommunikationsguerilla] legt es darauf an, zu verunsichern, das ‚Natürliche' und Selbstverständliche zu unterlaufen und zum eigenen Denken zu befähigen. [...] Das Projekt der Kommunikationsguerilla hatte von Beginn an einen auf die soziale Bewegung zielende Absicht. [...] Die Aufgabe der AktivistInnen (hier der SituationistInnen) bestehe darin, möglichst vielen Unbeteiligten den Weg in die Situation zu ermöglichen, in der sie selbst handeln können" (ebd.: 21).

Die situationistische Theorie zielt darauf ab, so viele AkteurInnen wie möglich zu mobilisieren um einen langfristigen Wandel im System zu ermöglichen. VertreterInnen der Kommunikationsguerilla gehen davon aus, dass Protestformen wie Aktionen und Demonstrationen längst veraltet sind und daher, bedingt durch die Ritualisierung, weniger Chancen aufweisen eine zielführende Änderung im System herbeizuführen (vgl. ebd.: 21).[50]
Betrachtet man die angeführten Modi und damit verbundene Intentionen des Protesthandelns bezüglich dieser drei vielfältigen Ebenen genauer, wird deutlich, dass eine klare Definition von sozialer Bewegung schwierig erscheint und ferner an den aktuellen Wandel angepasst werden muss. Mithilfe technischer Fortschritte und eines soziokulturellen Wandels innerhalb der letzten Jahre hat sich die grundlegende Begriffsbestimmung des sozialen Protestes verändert und sich infolgedessen anhand neuer Strukturen und Handlungsformen reformiert. Obgleich das Phänomen des *Tiny House Movement* zunächst nicht in die ursprüngliche Definition einer sozialen Bewegung und den damit verbundenen Protestformen passt, kann anhand genannter Faktoren dargelegt werden, dass sich die soziale Bewegung als solche durchaus in ihrer

---

50 Auch die empirischen Untersuchungen in dieser Arbeit ergeben, dass die InterviewpartnerInnen (vgl. Kapitel 4.2.1.2) sowohl nach einer internen als auch externen Kommunikation streben. Sie wollen ihre Projekte sowohl im Kreise gleichgesinnter AkteurInnen sichtbar als auch in öffentlichen Debatten transparent machen. Dabei geht es nicht ausschließlich um eine entsprechende Vermarktungsstrategie, sondern vielmehr um den Zielgedanken, eine langfristige Veränderung im System durch eine Mobilisierung weiterer AkteurInnen für das Phänomen zu generieren. Fiona und Boris von *Mission Winzig* bieten so zum Beispiel kostenfreie *Do-it-Yorself*-Bauworkshops und Seminare an, um auch anderen Menschen die Möglichkeit zu geben, selbst aktiv zu werden. Auch bei näherer Betrachtung der anderen ProtagonistInnen wird deutlich, dass diese nach einem gemeinschaftlichen Austausch streben. Durch die Hinwendung zur Öffentlichkeit erhoffen sie sich, zu einer nachhaltigen gesellschaftlichen Diskussion über alternative Wohnformen und Lebensweisen anzuregen.

Erscheinungsform unterscheidet und folglich auch das *Tiny House Movement* als Form einer sozialen Bewegung und des sozialen Protestes präsentiert werden kann.

2.4 Das *Tiny House Movement* als Forschungsfeld der empirischen Kulturwissenschaft: theoretische Zugänge und Perspektiven

Das *Tiny House* Phänomen kann keinem spezifischen Forschungsgebiet innerhalb der Kulturwissenschaft zugeordnet werden. Bei genauerer Betrachtung des Phänomens können unterdessen mannigfaltige Fragestellungen einer volkskundlich-kulturwissenschaftlichen Perspektive an den Gegenstand herangetragen werden. Ein deutlicher Zusammenhang zu dem Subjet macht sich hier vor allem in vier Theoriekontexten und Forschungsfeldern der Kulturwissenschaft bemerkbar.

Die Tatsache, dass sich die AkteurInnen zunehmend mit der Problematik um ökologische und nachhaltige Aspekte auseinandersetzen, veranlasst dazu, das Phänomen des *Tiny House Movement* und damit in Verbindung gebrachter minimalistischer Lebensweisen im Kontext der Postwachstumsdebatte zu betrachten und entsprechend zu analysieren. Ein Merkmal hierfür ist der subversive Charakter, der dem *Tiny House* Phänomen inhärent scheint. Trotz einer am Konsum orientierten Wirtschaft und Gesellschaft, grenzen sich die AkteurInnen gezielt von übermäßigem Konsum ab und üben sich konträr zu einer wachsenden Postwachstums- und Konsumkultur im Konsumverzicht. Als Antwort auf die sozialen Veränderungen der Postmoderne entstehen, so scheint es, neue Alternativen wie das *Tiny House Movement*, die als Form der Emanzipation aus einer Befreiung von/aus der Postwachstumsökonomie interpretiert werden können. Das sich in Form der Kritik am Gegenwartskapitalismus zeigende Phänomen soll unterdessen als alternative Form der aktuellen Nachhaltigkeitsdebatte im Sinne der *Degrowth*-Bewegung untersucht werden.

Die Darstellung des Phänomens wird unmittelbar mit dem kulturwissenschaftlichen Forschungsfeld Wohnen in Zusammenhang gebracht, was eine nähere Darstellung des Feldes fordert. Unterdessen werden vor allem gegenwärtige Wohnproblematiken beleuchtet, eine Verknüpfung zu entsprechenden Wohnweisen aufgezeigt als auch eine soziale Wohnkultur und damit verbundene Lebensstile näher in Augenschein genommen. Da es sich bei Tiny Houses um eine vermeintlich alternative Wohnform handelt, ist die Betrachtung des Objektes *Tiny House* als Gebäude in Form einer materialisierten Struktur zu untersuchen. Zudem kann das *Tiny House* als Objekt des Sozialen deklariert werden und Bedarf entsprechend einer präziseren Analyse.

In diesem Kontext spielen auch das kulturwissenschaftliche Themenfeld der Sachforschung sowie der Umgang mit der materiellen Kultur eine entscheidende Rolle. Gerade in Bezug auf minimalistische Reduktionsprozesse und die Reduktion auf einen kleinen Wohnraum, kann die Bedeutung und habituelle Komponente im Diskurs um

Materialität verstanden werden. Das *Tiny House* könnte somit als „Repräsentant einer funktional emotionalen Potentialität" (Korff 1992: 8). begriffen werden, was einer expliziteren kulturwissenschaftlichen Untersuchung um materieller Kultur bedarf. Abschließend wird das kulturwissenschaftliche Forschungsfeld der Bereiche Lebensstilkonzepte, Statustheorien und Bedürfnisansätze näher beleuchtet. Mit dem Lebens- und Wohnstil in einem *Tiny House* wird ein gewisser Lifestyle angenommen, der mit bestimmten Handlungsmechanismen assoziiert wird. Bezüglich dieser Annahme soll hier vor allem der Gesichtspunkt des entsprechenden Habitus der AkteurInnen und einer damit verbundenen Umgangsweise mit materiellen Gütern und Konsummuster sowie entsprechender Bedürfnisse als konstituierend für die Ausformung von Lebensstilen angesehen werden.

Die angeführten theoretischen Überlegungen werden im Folgenden dargelegt, um sie im Anschluss der kulturwissenschaftlichen Einordnung, Darstellung und Untersuchung als Gegenstand für mögliche Interpretationen und Ergebnisse für die zu erforschende Fragestellung dieser Arbeit nutzen zu können.

2.4.1 Das Phänomen *Tiny House Movement* als Postwachstumsstrategie: Wachstumsgesellschaft, Konsumkultur und Konsumkritik

Seit Beginn des 21. Jahrhunderts ist ein vermehrter Anstieg des Interesses bezüglich einer Debatte um eine Postwachstumsökonomie und damit einhergehenden Postwachstumsstrategien zu verzeichnen. Die Debatte und das Bewusstsein um die Grenzen des Wachstums wurde vormalig in den 1970er Jahren durch den *Club of Rome* (vgl. Meadows et al. 1972) mit einer ökologisch orientierten, wachstumskritischen Diskussion ins kollektive Bewusstsein der Gesellschaft gerückt, mit dem damit verbundenen Zielgedanken, eine langfristige Richtungsänderung im System herbeizuführen. Dieser Impuls der 1970er Jahre macht sich so aktuell in Gestalt einer ökologisch motivierten Wachstumskritik bemerkbar. Der Ökonom Paech[51] (2012, 2016) hat mit seinem Werk *Befreiung vom Überfluss* die Debatte um die Postwachstumsökonomie[52] im deutschsprachigen Raum angestoßen und dabei ein konkretes Modell einer Postwachstumsökonomie

---

51 Prof. Dr. Niko Paech ist seit 2018 Außerplanmäßiger Professor an der Uni Siegen. Paech ist zusätzlich zu seinen Werken zur Postwachstumsdebatte seit 2020 Leiter des vom BMBF geförderten Projektes NASCENT 2.0. Vgl. URL: http://www.postwachstumsoekonomie.de/impressum/ [letzter Zugriff: 20. 2. 2020].

52 Eine zusätzliche Definition zur Postwachstumsökonomie kann im Online-Wirtschaftslexikon Gabler eingesehen werden: „Im Gegensatz zur Umweltökonomik und Ökologischen Ökonomik, die mehr oder weniger auf eine ökologische Entkopplung des BIPs zielen, fokussiert die Postwachstumsökonomik darauf, die arbeitsteilige und monetarisierte Wertschöpfung zu reduzieren oder durch entmonetarisierte Versorgungspraktiken zu substituieren. Dabei stützt sie sich u. a. auf Konzepte wie Suffizienz, Subsistenz, Industrierückbau, De-Globalisierung von Lebensstilen und Herstellungsketten, Regionalökonomie und Produktionsmustern, die auf Bestandserhalt anstelle

entwickelt. In seinem pragmatischen Lösungsvorschlag sieht Paech ein alternatives Gesellschaftmodell als Lösung aktueller globaler Konflikte. Elementare Bausteine bilden in diesem Zusammenhang die Suffizienz und Subsistenz im Sinne einer nachhaltigen Ökonomie. Unter der individuellen Strategie der Suffizienz wird eine Art Entrümpelung der alltäglichen Lebenswelt verstanden, die zu einer ökologischeren und nachhaltigeren Lebenswelt führen könnte. Die Subsistenz meint in diesem Zusammenhang einen radikalen Rückgang von Fremdversorgersystemen „[...] zugunsten regionaler und lokaler Ökonomien, Selbstversorgung und Eigenproduktion" (Schmelzer 2016: 183). Hauptakteure des Wandlungssystems sind laut Paech sogenannte „ProsumentInnen" (Paech 2012, 2016). Darunter werden Personen verstanden, die sich sowohl einer konsumreduzierten Lebensweise verschreiten, als auch kollektive Gegenmaßnahmen im Sinne von nachhaltigen Projekten der Eigenproduktion – zum Beispiel *Urban Gardening, Do-it-Yourself, Repair-Cafés* – schaffen, um somit die lokale Ökonomie voranzutreiben und langfristig eine Entkommerzialisierung zu forcieren (vgl. Paech 2012, 2016). Auch das zu untersuchende *Tiny House Movement* ist unter dem Aspekt einer sozialen Bewegung und Strömung (vgl. Kapitel 2.3) zu verstehen und äußert sich ähnlich wie andere Eigenproduktionsprojekte in Form einer Alternativbewegung gegen eine bestehende Postwachstumsökonomie.[53]

Gegenwärtige Nachhaltigkeitsdebatten werden dabei nicht nur auf politischer Ebene sichtbar[54], sondern äußern sich ferner in weiteren, an Suffizienz orientierten Ansätzen wie der *Décroissance* beziehungsweise *Degrowth*-Bewegung. Die Debatte um *Degrowth* entsprang Anfang des 21. Jahrhunderts und äußert sich bis in die Gegenwart als

---

Neuherstellung basieren." Wirtschaftslexikon Gabler, URL: http://wirtschaftslexikon.gabler.de/Definition/postwachstumsoekonomie.html [letzter Zugriff: 20. 1. 2019].

53 „Wichtige Bausteine einer Postwachstumsökonomie sind [dabei] Gemeingüter und ‚Commoning', die Stärkung von Projekten der solidarischen Ökonomie, eine radikale Arbeitszeitverkürzung sowie die Festlegung von Grund- und Maximaleinkommen. Zentrale Akteure dieser Strömung sind einerseits soziale Bewegungen und Menschen, die sich in Alternativprojekten engagieren. Andererseits plädieren ökosozialistisch orientierte Vertreter*innen für die Überwindung von Kapitalismus und Industriegesellschaft [...]" (Schmelzer 2016: 183 f.).

54 Die gesellschaftliche Entwicklung soll sich hinsichtlich einer nachhaltigeren und grüneren Politik ausrichten. Diese und weitere Zielsetzungen wurden bei der UN-Generalversammlung im September 2015 bezüglich der *Sustainable Development Goals* (SDGs) verabschiedet. Die *SDGs* sollen der Sicherung einer nachhaltigen Entwicklung auf ökonomischer, sozialer sowie ökologischer Ebene dienen. Nicht nur innerhalb des Globalen Südens sondern auch im Globalen Norden wird eine Richtungsveränderung bezüglich einer nachhaltigeren und naturverbundeneren Politik angestrebt. Die Zielsetzung macht sich in 17 Hauptzielen und 169 Unterzielen in der Agenda für *Sustainable Development* bemerkbar, mit dem Streben nach einer Verbesserung bis 2030. Mit der Zielsetzung der Vereinten Nationen wird deutlich, dass auch die internationale Politik danach strebt, eine langfristige Veränderung im Zeichen der Nachhaltigkeit, Umwelt und Entwicklung zu generieren (vgl. United Nations 2015: 2 f.).

gesellschaftliches Konzept zur freiwilligen Reduktion von Produktion und Konsum, gepaart mit dem Zielgedanken sozialer und ökologischer Nachhaltigkeit (vgl. Demaria et al. 2017: 223; Schmelzer 2016: 182 f.). Das Konzept *Degrowth* ist mittlerweile europaweit ein gängiger Begriff und wurde sowohl in wissenschaftlichen, politischen, als auch akademischen Diskursen vielfach diskutiert.

„Die Idee des ‚sozialen nachhaltigen degrowth' (Schneider et al. 2010) oder einfach degrowth ist vielmehr ein Vorschlag für eine radikale Transformation der Gegenwartsgesellschaft. Dabei wird der Kontext des aktuellen Kapitalismus als post-politischer Zustand wahrgenommen: Das Politische wird negiert und die Politisierung bestimmter Forderungen verhindert (Swyngedouw 2007). In diesem Sinne versteht sich degrowth als ein Verstoß zur Repolitisierung der Debatte über die dringend erforderlich sozialökologische Transformation. Der Vorschlag wendet sich gegen dominante Weltdeutungen und sucht nach gesellschaftlichen Alternativen. Degrowth ist somit eine Kritik an der Dominanz des westlichen universellen Etnwicklungsverständnisses (Rist 2008) und nimmt entwicklungskritische Positionen von Autoren wie Arturo Escobar oder Wolfgang Sachs auf, die ab den 1980er Jahren formuliert wurden" (Demaria et al. 2017: 223 f.).

Das in Südeuropa aufblühende Phänomen bildete sich in den 1990er und 2000er Jahren im Schatten der globalisierungskritischen Bewegung gegen eine Wachstumsgesellschaft heraus. Der Zielgedanke von *Degrowth* äußert sich dabei in radikaler Wachstumskritik und reicht bis hin zu alternativen Gegenmaßnahmen gemäß dem vorherrschenden Wachstumsimperativ. Dabei zeigt sich das Phänomen sowohl in Form eines Anstieges akademischer Debatten um die Thematik, als auch in Gestalt alternativer Lösungsstrategien, worunter auch das alternative Wohnmodell des *Tiny House Movement* fällt (vgl. Schmelzer 2016: 184 f.).
Indessen lässt sich innerhalb der letzten Jahre auch ein erhöhtes Interesse an der Thematik in Deutschland beobachten. Dies offenbart sich vor allem an dem Erfolg der internationalen *Degrowth-Konferenz* 2014 in Leipzig[55] sowie einer vermehrten Etablierung von Verbänden und Bewegungen wie zum Beispiel *Attac*[56] und *BUND*[57]. Die aktuelle Nachhaltigkeitsdebatte macht sich so zunehmend in einem aktiven *Degrowth-Netzwerk* bemerkbar, das sich in verschiedenen Formen des Anti-Konsums präsentiert. *Degrowth* kann dabei auf unterschiedliche Art und Weise gedeutet werden (vgl. D'Alisa et al. 2016: 13). Sowohl bei praktischen Alternativversuchen und Projekten, als auch

---

55   Vgl. Degrowth-Konferenzen, URL: https://www.degrowth.info/de/konferenzen/ [letzter Zugriff: 20. 1. 2019].

56   Vgl. attac, URL: https://www.attac.de/startseite/ [letzter Zugriff: 20. 1. 2019].

57   Vgl. Bund, URL: https://www.bund.net/ [letzter Zugriff: 20. 1. 2019].

wissenschaftlichen Debatten um *Degrowth*, wird gemeinsam die Vision hin zu einer langfristig erwünschten und an Nachhaltigkeit orientierten Gesellschaft verfolgt, die sich gegen einen zunehmenden Gegenwartskapitalismus[58] auflehnt und unterdessen gezielt alternative Gegenmaßnahmen gesellschaftlich etabliert und legitimiert (vgl. Lessenich 2018: 6). Die *Degrowth*-Bewegung wird dabei als Form der sozialen Bewegung begriffen und als unumgänglicher Wandel im System und unvermeidliche Transformationsstrategie aktueller Nachhaltigkeitsdebatten deklariert (vgl. Schmelzer 2016: 184 f.). Das *Tiny House Movement* kann im Sinne der *Degrowth*- und Postwachstumsdebatte als alternativer Vorschlag und Bewegung für eine radikale Transformation der Gegenwartsgesellschaft interpretiert werden.[59]

Weitere Antworten auf die sozialen Veränderungen der Postmoderne zeigen sich in einer „neuen Zerbrechlichkeit sozialer Lagen und Biographien" (Beck et al. 1996: 21), einer „ungeheuren Beschleunigung der Welt und des Lebens" (Rosa 2005: 71) sowie einer „Entbettung" (Giddens 1997: 71) des Individuums aus seinen sozialen Bezügen. Unter Betrachtung der als negativ zu wertenden Aspekte einer Postwachstumsgesellschaft kann das *Tiny House* Phänomen als eine sich äußernde Gegenmaßnahme im Sinne der aktuellen *Degrowth*-Bewegung verstanden werden. Die Aktualität um Nachhaltigkeitsdebatten führt so verstärkt zu einem Trend entschleunigter Lebensstile – zum Beispiel in Form von *Downshifting* und Minimalismus (vgl. Kapitel 4.2.3) – sowie einem erneuten Aufschwung mannigfacher kollektiver und solidarischer Gemeinschaftsprojekte. Dabei offenbart sich das *Tiny House Movement* in Form eines alternativen Ansatzes und einer Postwachstumsstrategie gemäß eines neuen Wohnkonzepts (vgl. Kapitel 4.2.1.2, 4.2.2.2).

2.4.2 Minimalistisches Wohnen im *Tiny House:* Untersuchung des Wohnens als kulturwissenschaftliches Forschungsfeld

Die gegenwärtige Wohnraumproblematik[60] wird nicht nur in wachsendem Maße in stadtpolitischen Debatten diskutiert, sondern hat sich vor allem auch zu einer sozialen

---

58 Mehr zum Begriff Konsumgesellschaft unter: Das Lexikon zur Soziologie (Fuchs-Heinritz 1998).

59 Die *Degrowth*-Bewegung „[...] hat wesentlich dazu beigetragen, den vermeintlich zwingenden Zusammenhang von Wachstum und Wohlstand in Frage zu stellen. Zugleich betonen heute viele, die kapitalistischen Zwänge, Ausbeutungs- und Zerstörungsprozesse kritisieren, die zunehmend scheiternde Expansionslogik des Systems und suchen Alternativen jenseits des Wachstums" (AK Postwachstum 2016: 10).

60 Der Quadratmeterpreis einer neu vermieteten Wohnung kostet in München 2018 laut aktuellem Stand: 17,54 Euro. Laut *BBSR* zeigt sich die Wohnungsproblematik aber nicht nur auf dem Münchner Wohnungsmarkt, sondern in ganz Deutschland. Bezahlbarer Wohnraum ist so zu einer großen sozialpolitischen Frage in der Bundesrepublik geworden. Vgl. BBSR, URL: https://www.bbsr.bund. de/BBSR/DE/Veroeffentlichungen/IzR/2018/4/izr-4-2018.html [letzter Zugriff: 20. 1. 2019].

und politischen Frage entwickelt. Durch einen demografischen Wandel und stetig steigende Mietpreise[61] in deutschen Großstädten äußert sich der prekäre Wohnungsmarkt zunehmend in einer akuten Wohnungslosigkeit und Wohnkrise, die inzwischen nicht mehr nur als Misere einer einkommensschwachen Bevölkerungsgruppe deklariert werden kann, sondern sich seit den 1990er-Jahren auch in einer verstärkten Problematik unsicherer Wohnverhältnisse bis in die Mittelschicht hinein bemerkbar macht. Unterdessen hat sich seit der deutschen Weltfinanzkrise ab 2007 die Thematik um Wohnproblematiken zusätzlich zugespitzt, was lange Zeit mit politischen Versäumnissen einherging.[62] Seither ist auch ein Anstieg staatlicher Interventionen[63] und eine rege Wohnungspolitik zu registrieren.

Dass Wohnraum zu einer knappen Ressource geworden ist, ist laut Schönig (2017) aber nicht nur einer gesteigerten Nachfrage geschuldet, „[...] sondern wurde maßgeblich durch die Restrukturierung wohlfahrtsstaatlicher Wohnraumversorgung und die veränderten Rahmenbedingungen von Wohnungs- und Stadtentwicklungspolitik auf lokaler, nationaler wie internationaler bzw. supranationaler Ebene verursacht" (16). Die bedeutende soziale Dimension der aktuellen Wohnlage zeigt sich anhand einer Diskrepanz eines Zuwachses, aber auch an der gleichzeitigen Verknappung von Wohnraum vor allem in Metropolregionen und Universitätsstädten. Die Boden- und Mietpreise steigen stetig, wohingegen sie in ländlicheren Regionen zunehmend sinken (vgl. ebd.: 12 f.). Problematisch zu beurteilen ist in diesem Zusammenhang die Tatsache, dass trotz mangelnder Wohnfläche der Flächenkonsum pro Kopf steigt[64]. Von einer „absoluten Wohnungsknappheit"[65] kann laut Schönig (2017) also nicht die Rede sein.

---

61 Eine Übersicht über aktuelle Mietpreise und ortsübliche Miete, bietet der landestypische Mietpreisspiegel. Vgl. Mietspiegel für München 2017, URL: http://www.mietspiegel-muenchen.de/broschue ren/Mietspiegel_2017_Broschuere.pdf [letzter Zugriff: 20.1.2019].

62 Vgl. Kruse (2018) /URL: https://www.sueddeutsche.de/muenchen/meinemiete-gefangen-in-der-zwi schenmiete-1.4057050 [letzter Zugriff: 20.1.2019].

63 C. Ude (1990) geht davon aus, dass Abweichungen vom Gleichgewicht eines Über- oder Unterangebots an Wohnungen immer nur eine temporäre Erscheinung sind, die Interventionen durch den Staat sei daher gering zu halten: „Ziel der Wohnungspolitik soll es sein, die Zahl der Privateigentümer an Wohnungen zu erhöhen" (15).

64 „Nach der BBSR-Wohnungsmarktprognose wird die Pro-Kopf-Wohnfläche in Deutschland bis 2030 auf rund 47 m² steigen. Der Wohnflächenzuwachs verläuft in den alten und neuen Ländern einheitlich. Die Pro-Kopf-Wohnfläche der Eigentümerhaushalte steigert sich um jeweils rund 5 m² auf 54 m² in den alten Ländern und auf 49 m² in den neuen Ländern" BBSR, URL: https://www.bbsr. bund.de/BBSR/DE/WohnenImmobilien/Wohnungsmarktprognosen/Fachbeitraege/Prognose2030/ Prognose2030.html [letzter Zugriff 20.1.2019].

65 Eine „absolute Wohnungsnot" tritt erst dann auf, wenn die gesamte Bevölkerung von der Not betroffen ist, wohingegen die „relative Wohnungsnot" eine soziale Ungleichverteilung von Wohnraum klassifiziert (vgl. Häußermann/Siebel 1996: 287).

Vielmehr macht sich die Wohnungsnot vor allem für sozial benachteiligte Einkommensschichten – von der auch zunehmend die Mittelschicht bedroht ist[66] – bemerkbar, wonach von einer „relativen Wohnungsnot" ausgegangen werden kann (vgl. 12 f.). Das Gut Wohnen stellt ein existenzielles Grundbedürfnis der BürgerInnen dar[67], was dazu führt, dass Wohnen „[...] in kapitalistischen Gesellschaften, in denen Grund und Boden sich überwiegend in privatem Eigentum befinden, zu einer auf dem freien Markt handelbaren Ware [werden], dessen [sic!] Herstellung und Finanzierung zugleich einen bedeutenden Wirtschaftssektor darstellt. Und als Hauptnutzung städtischen Bodens prägt es wesentlich die räumliche und soziale Struktur unserer Städte" (Schönig 2017: 11).[68]

Der Kontrast zwischen dem existentiellen Grundbedürfnis des Menschen nach Wohnen und der gleichzeitigen Funktion des Wohnraums als handelbare Ware, führt zu Marktmechanismen, die sich auf das soziale Gefüge auswirken und zu krisenhaften Wohnungsmärkten in Deutschlands Metropolregionen führen. Auswirkungen der steigenden Wohnproblematik zeigen sich in der „Verdrängung, Segregation und zunehmende[n] soziale[n] Ungleichheit" (Birk et al. 2018: 4).

Betrachtet man das Wohnen aus kulturwissenschaftlicher Perspektive, kann auch hier die Verbindung von Wohnen zu sozialen Strukturen aufgezeigt werden. Elias (2002) bezeichnet in seiner figurationstheoretischen Studie über die höfische Gesellschaft „Wohnstrukturen als Anzeiger gesellschaftlicher Strukturen"[69]. Auch Durkheim (1970) versteht Gebäude als „soziologische Tatbestände"[70] und „materielles Substrat"[71]. Gemäß dieser Annahme lässt sich ein Bogen zur ethnologischen Raumforschung sowie der Architektursoziologie spannen, da hier ferner von einer Implikation des Materiellen innerhalb sich äußernder sozialer Strukturen und Handlungsweisen ausgegangen wird. Raum wird per se als Raum abhängig von kulturellen und sozialen Arrangements verstanden und darauf aufbauend im Sinne einer architektonischen Betrachtung als „Medium des Sozialen" (Delitz 2010: 11 f.) begriffen. Auch Steets (2015) beschäftigt sich aus architektursoziologischer Perspektive mit der Materialität und Sozialität der

---

66 In Wachstumsregionen und Universitätsstädten sind vor allem Menschen mittleren und unteren Einkommensgruppen von der Misere, bezahlbaren Wohnraum zu finden, betroffen (4). Vgl. Birk et al. (2018), URL: https://www.bbsr.bund.de/BBSR/DE/Veroeffentlichungen/IzR/2018/4/Inhalt/downloads/einfuehrung.pdf?__blob=publicationFile&v=2 [letzter Zugriff: 20.1.2019].

67 Zur existentiellen Grunderfordernis des Wohnens (vgl. Ude 1990: 13 ff.).

68 (Vgl. dazu auch Birk et al. 2018: 4).

69 (Vgl. dazu Elias 2002: 75–114).

70 Zum Begriff soziologische Tatbestände (vgl. Durkheim 1970: 105–114): „Der Typus der Wohnstätte, der uns aufgezwungen wird, besteht lediglich in der Art, wie unsere Umwelt und zum Teil schon frühere Generationen ihre Häuse [sic!] zu bauen sich gewöhnten" (13 f.).

71 Zum Begriff des *Substrats* (vgl. Terrier 2009).

gebauten Welt und entwickelt die genannten Theorien in ihrem Werk *Der sinnhafte Aufbau der gebauten Welt* im Sinne einer neuen Stadtsoziologie weiter.[72] Der amerikanische Stadtsoziologe Park (1967) weist darauf hin, dass die Stadt der „[...] konsequenteste und insgesamt erfolgreichste Versuch des Menschen [sei], die Welt, in der er lebt, nach seinen eigenen Vorstellungen umzugestalten" (Park 1967: 3 zit. nach Harvey 2013: 28). Einer der einflussreichsten Sozialwissenschaftler der Gegenwart, Harvey (2013), greift diese These auf und beschreibt in seinem Werk *Rebellische Städte* vor allem den politischen Charakter städtischer Räume. Hier nimmt er Bezug auf Lefebvres Forderung nach einem „Recht auf die Stadt"[73], was ihn in Verbindung mit den Mutmaßungen Parks zu folgender Frage führt:

„[...] die Frage, in welcher Art von Stadt wir leben wollen, [kann] nicht von der Frage getrennt werden, welche Art von Menschen wir sein wollen, welche Arten von sozialen Beziehungen wir anstreben, welches Verhältnis zur Natur wir pflegen, welchen Lebensstil wir uns wünschen, an welchen ästhetischen Werten wir festhalten. Das Recht auf Stadt ist also weit mehr als das Recht auf individuellen oder gemeinschaftlichen Zugriff auf die Ressourcen, welche die Stadt verkörpert: Es ist das Recht, die Stadt nach unseren eigenen Wünschen zu verändern und neu zu erfinden" (Harvey 2013: 28).

VertreterInnen des *Tiny House Movement* verstehen die Aneignung von Stadt auch als eine soziale und politische Frage (vgl. Kapitel 4.2.2). Durch Urbanisierungsprozesse in Städten, wie zum Beispiel der zunehmenden Gentrifizierung und der steigenden Wohnproblematiken, suchen sich die AkteurInnen Nischen, in denen sie sich die Stadt so aneignen können, wie sie darin leben wollen. Ganz nach Lefebvre und Harvey beziehen sie sich dabei auf ihr „Recht auf Stadt", in der individuelle Wünsche und gemeinschaftliche Veränderungen durch neue Wohnalternativen zum Ausdruck kommen. Durch das Wohnen in einem *Tiny House* kann das Haus als „Medium des Sozialen" (Delitz 2010: 11 f.) verstanden werden und fungiert als Raum abhängig von kulturellen und sozialen Arrangements, die mit diesem verbunden sind. Das Wohnen in einem *Tiny House* versteht sich als nachhaltige, urbane Alternative zum aktuellen prekären Wohnungsmarkt im urbanen Raum und kann als Art Strategie oder auch politischer Widerstand gegen das System verstanden werden, um sich die Stadt wieder selbst

---

72 In diesem Zusammenhang seien auch noch Berking/Löw (2008) und Löw (2007) in Abgrenzung zur kritischen Stadtsoziologie zu nennen, die in ihren Werken eine Theorie der „Eigenlogik der Städte" offenbaren.

73 Lefebvre prägte den Begriff „Recht auf Stadt" in seinem Orginalwerk *Le droit á ville*. Mit dem Recht auf die Stadt assoziierte er eine Art Aufschrei gegen das aktuelle System des alltäglichen Stadtgeschehens. Er forderte der Krise – zum Beispiel durch städtische soziale Bewegungen – entgegenzugehen um ein freieres, alternatives urbanes Leben zu gestalten (vgl. dazu Lefebvre 2016).

anzueignen und gestalten zu können (vgl. Kapitel 4.2.2.1). Das *Tiny House* als materieller Raum spiegelt hier vermeintlich den Wunsch nach einem nachhaltigeren Lebensstil und einer intensiveren Beziehung zu Natur und Umwelt sowie Werte und Normen der AkteurInnen wider (vgl. Harvey 2013: 28). Um es in den Worten Hasses (2009) auszudrücken, ist Wohnen als Ausdruck des Lebens zu verstehen (14): „Im Wohnen kommt ein anthropologischer Zug menschlichen Lebens zur Geltung. [...] Der Raum des Wohnens steht in mannigfaltigen Beziehungen zur Welt des Wohnenden. Der Raum der Wohnenden ist ein Raum des Menschen, der seine Welt aus der Situation seines Lebens erlebt, entfaltet und gestaltet. [...] Im Wohnen drückt sich aber vor allem die Situation eigenen Lebens aus" (ebd.: 21).

Die Lebenssituation der AkteurInnen ist vor allem von Unsicherheiten geprägt. Nicht nur die Wohnsituation ist als prekär anzusehen, sondern auch Arbeitsverhältnisse spezialisieren sich zunehmend in Richtung einer Verwissenschaftlichung, was zu prekären Verhältnissen im Sinne eines postfordistischen Arbeits-Modells auf dem Arbeitsmarkt führt.[74] Die zahlreichen Umweltkrisen, der Klimawandel, das Sterben von Arten oder ökologische Auswirkungen im Sinne von Ressourcenverknappung, enthüllen eine zunehmend unstabile Lebenslage. Hasse (2009) geht davon aus, dass durch jeden gesellschaftlichen Wandel auch eine Veränderung des Wohnens sichtbar wird. Nicht nur technische Innovationen, sondern auch „sozioökonomische, soziokulturelle, mikro- wie makroökonomische Umbrüche" (186) führen laut Hasse zu neuen Formen des Wohnens, welche sich in permanenten Veränderungen der Ansprüche an Wohnraum offenbaren. Dabei kann sich das Wohnen in einem politisch motivierten Wohnen äußern, wovon auch bei VertreterInnen des *Tiny House Movement* ausgegangen werden kann:

„Überbrückendes Moment ist der kreative Umgang mit einer jeweils besonderen *Lebenssituation*. [...] Kreativität als *Methode* der Lösung von Problemen [...] die sich zwar des Wohnens annimmt, aber untrennbar mit dem Ziel verbunden ist, über spezifische Raumgestaltungen Problemlösungen von *Lebenssituationen* herbeizuführen. [...] Der Kreativitätsbegriff ist in diesem Zusammenhang nicht im ästhetizistischen Sinne zu verstehen, sondern als Motivation einzelner Personen oder Gruppen im Sinne von neuen kreativen Wohnentwürfen zu verstehen, die durchaus mit einer politischen Motivation einhergehen" (ebd. 201; Hervorhebung durch den Autor).

Als kreativer Umgang mit der aktuellen Lebenssituation kann hier die Auflehnung gegen gesellschaftliche und politische Versäumnisse und der Aufschrei angesichts

---

74 Vgl. Zum Begriff postfordistisches Arbeitsmodell: Götz/Wittel (2000); Gottschall/Voß (2005); Herlyn et al. (2009); Schönberger/Springer (2003); Schöneberger (2004); Schönberger (2007).

ökologischer Problemlagen mit der Symbolisierung des *Tiny House* als versinnbildlichter Wohnraum begriffen werden (vgl. Kapitel 4.2.2.2, 4.2.2.3, 4.2.3). Wohnen verändert sich dabei zunehmend und das *Tiny House* scheint dabei nur einer von vielen Vorschlägen eines kreativen Lösungsrepertoires für die Bekämpfung aktueller Problemlagen zu sein.

2.4.3 Sachforschung und materielle Kultur: die Bedeutung der Dinge

In der empirischen Kulturwissenschaft spielen materielle Dinge und deren Bedeutung für das Subjekt und die Kultur bereits seit ihren Anfängen eine bedeutende Rolle. Es wird davon ausgegangen, dass Materie unsere alltägliche Lebenswelt prägt (vgl. Jeggle 1983: 11). Das Fach strebt mit dem Forschungsfeld der Sachkulturforschung – auch als materielle Kultur bezeichnet – die Untersuchung der Dinge an, um ferner einen Zugang zu subjektiven als auch kollektiven Handlungsweisen und Wertvorstellungen zu gewinnen. Kaschuba (2006) konstatiert in diesem Zusammenhang die Dingthematik in der Volkskunde folgendermaßen: „Dinge sind immer polysemische Bedeutungsträger, die eine Vielfalt von Zuschreibungen, Assoziationen und symbolischen Funktionen ermöglichen. [...] Die ‚Sprache der Dinge‘ meint somit stets die Sprache der Kultur, die bestimmten Regeln folgt und die uns [...] vieles erzählt über die Menschen, weil diese durch die Dinge viel von sich erzählen" (234).

Auch Hermann Bausinger (2003) beschreibt Dinge als Botschafter, Ausdrucksform von Symbolwelten und „Vehikel der Kommunikation" (10). Will man das *Tiny House Movement* als ganzheitliches Phänomen untersuchen, kann die Sachkulturforschung nicht ausgelassen werden. Das *Tiny House* als Objekt stellt selbst schon eine Materie dar, die mit bestimmten kulturellen Aufladungen einhergeht. Zudem muss bei der Thematik *Tiny House* eine konsumreduzierte Lebensweise mitgedacht werden. Hahn (2005) beschreibt in diesem Kontext den Umgang mit Dingen als Konsumgüter und einer sich daraus entwickelnden Konsumkritik, die die Wichtigkeit von Objekten als Bedeutungsträger innerhalb kulturwissenschaftlicher Untersuchungen offenbart:

„Die Kritik am Umgang mit Dingen im Kontext der Konsumgesellschaft ist insbesondere deshalb für materielle Kultur von Bedeutung, da wichtige Autoren für dieses Thema durchweg auch konkrete Hypothesen über den ‚richtigen‘ Umgang präsentiert. Dieser vorgestellte ‚richtige‘ Umgang bedeutet zumeist den Verzicht auf ‚überflüssige‘ Dinge und eine tiefergehende Reflexion über den eigenen Sachbesitz. Die gesellschaftliche Dynamik der Konsumkritik ist kaum zu unterschätzen [...] engagierte Bürgerbewegungen [assoziieren damit] die Aufforderung zum bewußten Umgang mit Konsumgütern, zu Konsumverzicht oder auch zum Boykott" (67).

Personen, die sich dem *Tiny House Movement* und/oder minimalistischen Lebensstilen verschreiben, grenzen sich meist gezielt vom Überfluss materieller Güter ab, was vor allem im Hinblick auf eine Bedeutungszuschreibung – in dem Falle einer negativ konnotierten Zuschreibung überflüssiger Objekte – von Interesse für die eigene kulturwissenschaftliche Darstellung ist.

In Bezug auf die Dingthematik kann folgender Leitsatz angeführt werden: „Kultur kann nicht ohne Dinge gedacht werden" (Braun et al. 2015: 11). Ein weiteres Augenmerk wird hier vor allem im Sinne des Verhältnisses von sozialen und kulturellen Gesellschaftsbedingungen in Bezug auf materielle Dinge gelegt, da davon ausgegangen wird, dass sich eine Gesellschaft dahingehend materialisiert und somit den Charakter der Dinge prägt. Ergänzend dazu wird die habituelle Komponente in den Diskurs um Materialität miteinbezogen, da auch hier von einer Wechselwirkung zwischen dem Habitus eines Individuums und den damit verbundenen Handlungsmöglichkeiten, -strategien und Erfindungspotentialen ausgegangen wird[75], was gleichzeitig zu einer Rückkopplung der Materialität führt. Durch das Handeln der Menschen wird Materialität erst geschaffen, so Braun, was dazu führt, dass eine eigene Lebenswelt produziert wird, die sich in der Präsenz materieller Kultur und performativer Praxis offenbart (vgl. ebd.: 11).

Auch Hahn (2005) schildert in diesem Zusammenhang die Mehrdeutigkeit des Begriffes der Materiellen Kultur und geht davon aus, „[...] daß die in einer Gesellschaft verwendeten materiellen Dinge stets aus dem Kontext des Handelns heraus zu verstehen sind. Gesellschaftlicher Alltag wird nicht nur von materiellen Dingen geprägt, aber auch nicht allein vom Handeln und Wissen. Erst in Verbindung der beiden Dimensionen ergibt sich ein Zugang zum Verstehen des Alltags" (9). Im Katalog zur gleichnamigen Ausstellung *13 Dinge* im Museum für Volkskunde in Württemberg beschreibt bereits Korff (1992) die Dingbedeutsamkeit aus kulturwissenschaftlicher Perspektive, indem er darauf aufmerksam macht, dass die Beziehung zwischen Mensch und Objekten nicht nur zweckgerichtet sei, sondern Dinge zu „Repräsentanten einer funktional-emotionalen Potentialität" werden (8). Ebenso artikuliert Baudrillard (1991) das Verhältnis zu Gegenständen als ein „zusammenhängendes System der Bedeutsamkeit" (11). Dinge, so Korff (1992), haben ein Leben innerhalb unterschiedlicher Zusammenhänge, die kontextuell mit Bedeutung aufgeladen werden, einer zeitlichen Komponente unterliegen

---

75 Bei VertreterInnen des *Tiny House* Phänomens handelt es sich um eine Personengruppe aus der Mittelschicht. Durch den damit verbundenen Habitus sind diese erst in der Lage, die finanziellen Mittel für die Umsetzung eines *Tiny House* zu generieren. Auch für eine minimalistische und konsumreduzierte Lebensweise spielen habituelle Handlungsoptionen eine entscheidende Rolle. Erst durch die Realisation eines Überflusses an materiellen Dingen, kann eine gezielte Reduktion dieser vorgenommen und als politischer Leitgedanke formuliert werden (vgl. Kapitel 4.2.1, 4.2.2, 4.2.3).

und insofern eine andauernde Neukonstruktion verlangen. Hier spricht er von einer sogenannten „Dingexplikation" (8), welche den Objekten inhärent scheint und, gemäß einer kulturellen Lesart, von mit Bedeutung aufgeladenen Dingen präziser zu verstehen und zu deuten in der Lage ist (vgl.: 8 f.).

In einer modernen, multidimensionalen Gesellschaft scheint eine Zuschreibung zuvor erschlossener, objektiver Kriterien der Dingbedeutsamkeit durch eine steigende Pluralität in Lebensweisen und -stilen – zum Beispiel einer nachhaltigen, minimalistischen Lebensweise – sowie einer zunehmend wissensbasierten Gesellschaft erschwert: „Alles kann alles bedeuten, jedes Ding kann zum Symbol werden, und das symbolische Denken kann sich in allem und jedem materialisieren" (ebd.: 9). Gemäß dieser Thematik spannt Korff einen Bezug zur Dingtheorie Boeschs, der noch einmal den Wert der kontextuellen Einbindung von Objekten akzentuiert. Von Belang ist hier vor allem der Umgang mit entsprechenden Gegenständen sowie die Einbeziehung der kulturellen Szenerie: „Die Berücksichtigung der situativen Einbindung von Dingen in Zeit und Raum scheint eine der Prämissen aktueller Symbol- und Bedeutungsforschung in allen kulturwissenschaftlichen Disziplinen zu sein" (ebd.: 15).

Daran anschließend stellt sich gemäß dieser Analyse die Frage, inwiefern auch das *Tiny House* als „Repräsentanten einer funktional-emotionalen Potentialität" (ebd.: 8) gedeutet werden kann und somit als Teil eines Materialisierungsprozesses zu verstehen ist. Der minimalistische Wohnraum im *Tiny House* kann als Gegenstandsraum – ganz im Sinne der kulturwissenschaftlichen Dingthematik – unter Berücksichtigung des kontinuierlichen Wandels mit einer spezifischen Bedeutung aufgeladen sein und fungiert demnach als Träger von Emotionen und der Aufladung kultureller Bedeutungszuschreibungen sowie politischer Einstellung. Diese Bedeutungsmuster wirken sich wiederum auf das Handeln des Individuums und die Handlungen innerhalb der Gesellschaft aus und offenbaren sich beispielsweise als Leben im Objekt *Tiny House* gemäß eines nachhaltigen, minimalistischen Lebensstils (vgl. Kapitel 4.2.3). Auch gesellschaftliche Nachhaltigkeitsdebatten, die mit dem *Tiny House* in Verbindung gebracht werden, zählen hier dazu. Indessen ist nicht nur die Bedeutung des Raumes per se entscheidend, denn ferner spielt auch das Interieur an Dingen im Raum eine entscheidende Rolle – zum Beispiel bei der Wahl einer gezielt minimalistischen, platzsparenden und nachhaltigen Inneneinrichtung, einer nachhaltigen Bauweise – das zu einem „System der Bedeutsamkeit" (vgl. Baudrillard 1991: 11) wird und unterdessen als „Bedeutungsträger mit hohem Konnotationsgehalt" (vgl. Korff 1992: 8 f.) fungiert. Die gezielte Reduktion und der spezifische Umgang mit Sachgütern im Sinne einer nachhaltigen, minimalistischen und konsumreduzierten Lebensweise wird nach Hahn (2005) stets aus dem Kontext des Handelns heraus verstanden, was mit der Möglichkeit um Handlungsspielräume, also einem kulturellen Kapital im Sinne der Habitus-Theorie nach Bourdieu, einhergeht. Im Folgenden wird auf die Verbindung von Lebensstilen und Motiven des Konsums detaillierter eingegangen.

2.4.4 Kulturwissenschaftliche Einordnung des Phänomens in Lebensstilkonzepte, Statustheorien und Bedürfnisansätze

Die Überlegungen zu individuellen Umgangsweisen und Handlungsstrategien in Bezug auf materielle Güter und damit verbundener Konsummotive bestimmter Gesellschaftsgruppen, stellen einen zentralen Teilaspekt für die Lebensstilforschung dar. Die Frage nach den Lebensstilen, die Menschen verfolgen, ist auch eine Frage nach den individuellen und gesellschaftlichen Antrieben des Konsums:[76]„Konsummotive und Bedürfnisse sind aus sozialwissenschaftlicher Sicht eine wichtige Grundlage für die Ausformung von Lebensstilen, die ihrerseits durch bestimmte Sachgüter und spezifische Umgangsweisen mit den Dingen gekennzeichnet sind" (Hahn 2005: 54). Zudem bezeichnet Werner Georg Lebensstile als: „[...] relativ stabile, ganzheitliche und routinisierte Muster der Organisation von expressiv-ästhetischen Wahlprozessen" (Georg 1998: 92).

Die drei vielfach rezipierten Kulturtheoretiker Veblen, Simmel und Bourdieu entwickelten in ihren soziologischen Schriften Lebensstiltheorien, in denen vor allem der Umgang mit materiellen Gütern und die individuelle sowie gesellschaftliche Bedeutungsaufladung dieser zum Ausdruck gebracht werden.[77] Bei den Lebensstiltheorien handelt es sich zwar nicht um aktuelle Forschungen zur Thematik, dennoch können die Theorien aufgrund ihrer nach wie vor bemerkenswerten Aktualität für die Gegenwartsforschung als theoretische Erklärungsmodelle moderner Phänomene dienen. Simmel (1900) leistete dabei seinen Beitrag zur Thematik um Lebensstile in seinem Werk *Philosophie des Geldes*. Bei der kulturphilosophischen Betrachtung von Lebensstilen schrieb er dem Besitz von Geld eine zentrale Rolle zu. Geld als universelles Mittel, so Simmel, gestattet es dem Individuum sich zur Gesellschaft oder bestimmten Gesellschaftskreisen zugehörig zu fühlen und sich dabei gleichzeitig von anderen

---

76 Die Konzepte um Motive und Bedürfnisse werden seit vielen Jahren in der Disziplin der Kultur- und Sozialwissenschaften kontrovers diskutiert; eine genaue Definition und Antwort zu dieser Thematik fehlt bis heute (vgl. Hahn 2005: 55), weshalb bei der eigenen theoretischen Untersuchung zu Lebensstilen nur ein Teilaspekt einer umfassenden Diskussion dargestellt wird. Bei der Untersuchung zu Motiven und Konsummuster muss zudem darauf geachtet werden, die Begriffe nicht mit dem Begriff des Lebensstils gleichzusetzen, da zusätzliche Strategien für die Ausformung einer Identitätsbildung hier zunächst unberücksichtigt bleiben (vgl. Müller 1989, 1992).

77 Zudem können in diesem Zusammenhang die beiden AutorInnen Douglas (1996) und Isherwood (1979) mit ihrem Werk *The World of Goods* genannt werden, in dem sie den Konsum als System der Kommunikation für Statusgruppen anführen, sowie der Autor Miller (1987) mit seinem Werk *Material Culture and Mass Consumption*, in dem der Konsum als Mittel der „Objectification", also als Entäußerung behandelt wird (Hahn 2005: 61).

Mitgliedern der Gesellschaft zu distanzieren. Der Lebensstil offenbart sich dabei als „[…] Schlüssel zum Verständnis des subjektiven Verhältnisses der Menschen zu den Dingen" (Hahn 2005: 55) und zeigt sich im Hinblick auf parallel verlaufende Lebensstile innerhalb zweier konträr zueinander erscheinender Motive. Das Auftreten neuer Lebensstile äußert sich demzufolge in einem Bedürfnis nach Abgrenzung und einem Druck zur Nachahmung. Zum einen streben Individuen danach, sich von der Mehrheitsgesellschaft zu distanzieren, um ihren individuellen Widerstand hervorzuheben, was mit dem bewussten oder auch unbewussten Ziel einhergeht, etablierte Stile und dominante Lebensmodelle mittels neuer Konsumgüter zu illustrieren (vgl. Simmel 1989: 591 f.; Hahn 2005: 55 f.). Zum anderen unterliegen Individuen einem sogenannten „Konformitätsdruck" (Simmel 1989: 591 f.) innerhalb einer Gesellschaft, was mit einem Bedürfnis der Nachahmung einhergeht und unweigerlich dazu führt, dass sich neue Lebensmodelle innerhalb kürzester Zeit in Form eines neuen, gesellschaftlich wahrgenommenen Lebensstils offenbaren. Dieser Kreislauf führt wiederholt zu individuellen Abgrenzungsmechanismen: „[…] Stil ist also eine differentielle Kategorie, die durch das Zusammenspiel von Nachahmungs- und Abgrenzungsmotiven entsteht" (Hahn 2005: 55 f.).

Betrachtet man die Theorie Simmels in Hinblick auf das *Tiny House Movement* präziser, kann eine Verbindung der Bedeutung von Objekten und des Konsums bezüglich der Entstehung eines neuen Lebensstils erkannt werden. Gerade der Verzicht auf entsprechende Konsumgüter sowie eine konsumkritische Lebenshaltung bedingen unweigerlich eine Zuwendung zu einer bestimmten gesellschaftlichen Gruppe und einem darin gebräuchlichen Lebensstil. VertreterInnen des *Tiny House* Phänomens grenzen sich durch selbst gewählte Handlungsweisen klar von anderen Lebensstilen ab und distanzieren sich so beispielsweise von einer an Massenkonsum orientierten Gesellschaft (vgl. Kapitel 4.2.3). Mit der meist bewusst gewählten Distanzierung zu anderen Gesellschaftsgruppen und Lebensstilen geht gleichzeitig die Neuorientierung an etablierten Lebensstilen, wie zum Beispiel des Minimalismus, einher. Dies geschieht nach Simmel aufgrund des „Konformitätsdrucks"[78] (Simmel 1989: 591 f.). Die beiden bereits genann-

---

78 Alle AkteurInnen der in dieser Arbeit untersuchten Gruppe präsentieren ihr gewähltes Lebensmodell und ihre Einstellung im Sinne der Nachhaltigkeitsbewegung (z.B. der *Degrowth*-Bewegung). Trotz zahlreicher Parallelen erfolgt eine klare Abgrenzung zum Minimalismus. Die AkteurInnen scheinen sich keinem speziellen Lebensstil zuordnen zu wollen. Vielmehr grenzen sie sich klar von anderen Lebensstilen ab, die nicht ihrer Einstellung, ihren Werten und Normen entsprechen. Den AkteurInnen scheint es wichtig zu sein, einen individuellen Lebensstil für sich zu entwickeln. Diese Aussage wiederholt sich dabei in den Interviewsequenzen aller TeilnehmerInnen und kann somit wiederum als ein Teilaspekt eines sich als an nachhaltig verstehenden und konsumreduziert äußernden Lebensstils gewertet werden, der sich so trotz des starken Drangs nach einer Subjektivierung von individualisierten Lebensentwürfen erneut in einem Phänomen der Masse offenbart (vgl. Kapitel 4.2.3).

ten gegensätzlichen Motive, die laut Simmel das Auftreten verschiedener Lebensstile in einer Gesellschaft vorantreiben können, treffen somit wohl auch auf die AkteurInnen der *Tiny House* Bewegung zu. Auch die Betonung der Relevanz finanzieller Ressourcen, die eine Abgrenzung zu anderen Lebensstilen erst möglich machen, scheint hier zutreffend. Um eine alternative Wohnlösung wie die des *Tiny House* zu realisieren, werden entsprechende Finanzmittel und Privilegien vorausgesetzt (vgl. Kapitel 4.2.1). Hier schließt sich Veblen (1986, orig. 1899) mit seiner *Theory of the leisure class* an, der in seiner gesellschaftskritischen Studie über den Umgang mit Dingen die These des „demonstrativen Konsums" (conspicous consumption) (Veblen 1986) aufstellt. Veblen geht davon aus, dass Menschen nur konsumieren, um ihren ökonomischen Wohlstand zu demonstrieren, also soziales Ansehen durch den Konsum zu generieren. Gerade in Bezug auf materiellen Konsum stellt dies die wichtigste Motivation dar, da man sich so von anderen Mitgliedern der Gesellschaft abgrenzen kann und damit demonstriert, dass man sich materiellen Luxus und auch dessen Verschwendung leisten kann. Darüber hinaus konstatiert Veblen zudem den Kampf der obersten Schicht der Gesellschaft um die Vorherrschaft. In Abgrenzung zur Theorie Simmels ist es durch diese Hegemonie ausschließlich der obersten Schicht möglich, kreativ[79] zu sein und somit neue Lebensstile in der Gesellschaft zu etablieren (vgl. Hahn 2005: 57). Anzumerken ist in diesem Zusammenhang, dass die Theorie des „demonstrativen Konsums" nach Veblen (1986) aufgrund der fehlenden subjektiven Sicht des Menschen stark kritisiert wurde. Im Gegensatz zur Theorie Veblens stellt Bourdieu mit seiner Habitus-Theorie die Entstehung des Umgangs mit Sachgütern und deren anschließender Transformation als „symbolisches Kapital" detailliert dar (vgl. Bourdieu 1976: 164 f.). Als „Habitus" wird eine verinnerlichte Disposition verstanden, die sowohl die eigene Handlung gliedert,

---

79 Das sogenannte Kreativitätspotenzial zeigt sich in einer widerständigen, subjektiven Handlungsmacht, die als „Taktik und Strategie", wie die Certau (1988) es bezeichnete, kulturwissenschaftlich erfasst werden kann (vgl. Götz/Lemberger 2009: 16 f.). Mit dem Kreativitätsbegriff geht zudem auch der Begriff Prekarität (vgl.: 9) einher. Nach Löfgren (2000) werden diejenigen Individuen als „underdogs" bezeichnet, die in der Lage sind, kreativistischen Praxen zu versprechen, die mit der Bedeutung konnotiert sind, sich gegen das aktuelle System in Form von Machtstrategien der kulturellen Kompetenz aufzulehnen und somit eine prekäre Situation zu kompensieren oder sogar langfristig zu verbessern (vgl. ebd.: 17). Als prekäre Situation könnte in diesem Zusammenhang die Auflehnung gegen politische Versäumnisse wie die Wohnungsnot im urbanen Raum sowie die Auflehnung gegen Umweltkatastrophen in Hinblick auf eine zunehmende Ressourcenverschwendung in einer sich ausweitenden Konsumgesellschaft interpretiert werden. In diesem Fall wären die VertreterInnen des *Tiny House Movement* als „underdogs" zu verstehen, die aufgrund ihrer kulturellen, sozialen und ökonomischen Kompetenzen, also ihrem Kreativpotential, dazu befähigt sind, durch eine Änderung ihres Lebensstils und ihres Konsumverhaltens einen Wandel im System zu bewirken. Anders als bei Veblen dargestellt kann das Kreativitätspotenzial jedoch auch in anderen Milieus als der „obersten Klasse" auftreten. Vgl. zum Kreativitätsbegriff auch (Reckwitz 2010, 2012) und (Kapitel 4.2.1).

aber auch Auswirkungen auf die Strukturen der Umwelt hat: „Sie [die Disposition] benennt im Weiteren eine Seinsweise, einen habituellen Zustand [...] und vor allem eine Prädisposition, eine Tendenz, einen Hang oder eine Neigung" (Bourdieu 1976: 446). Das habituelle Handeln, so Bourdieu, wird längst in der Kindheit und Jugend geformt. Dabei zielt es nicht nur auf die Art und Weise des Konsums sowie den Umgang mit materiellen Gütern ab, sondern vor allem auf die Fähigkeit des „[...] Wissens um den ‚richtigen' Umgang mit diesen Dingen – daß heißt, dem sozialen Status angemessene Art und Weise. Das Bewerten von Dingen und das Handeln mit den Dingen sind Elemente des Habitus; sie bilden den Lebensstil" (Hahn 2005: 59). Die durch den Habitus verinnerlichten Handlungsstrategien gehen daher untrennbar mit der Bedeutung von Dingen einher und befähigen das Individuum somit, das „symbolische Kapital" in „ökonomisches Kapital" zu transformieren (vgl. ebd.: 59). Was in diesem Sinne zudem beachtet werden muss, ist die Tatsache, dass es sich bei VertreterInnen des *movement* durchaus um eine gebildete Mittelschicht handelt, die neben den beiden anderen Kapitalsorten vor allem über „kulturelles Kapital"[80] verfügt. Durch das „kulturelle Kapital" ist es den AkteurInnen zusätzlich möglich, sich von anderen sozialen Gruppen und Lebensstilen zu distanzieren. Der Begriff des Kreativitätspotentials[81] der Mittelschicht kann hier aufgegriffen werden und zeigt sich in einem kreativen Umgang, also dem „[...] Wissen darüber, wie man mit den Dingen ‚richtig' umgeht [...]" (Hahn 2005: 59). Dies geschieht beispielsweise in Form alternativer Lösungsstrategien, wie kostengünstigeren Wohnformen oder durch konsumreduzierten Verzicht, um andere Bereiche des Lebens entsprechend zu maximieren (z. B. durch *Downshifting*) (vgl. Kapitel 4.2.3). Lebensstile zeigen sich so als demonstrativer Konsum oder demonstrativer Nichtkonsum in Statussymbolen. „Bei Statussymbolen geht es nicht wirklich um Dinge – Uhren, Autos oder goldene Zähne –, sondern um Verhaltensstrategien und Werthierarchien von Menschen in einer hoch komplexen Wettbewerbssituation" (Bretthauer 2003: 145). Bourdieu spricht anstatt von Statussymbolen von sog. „Distinktionsmerkmalen", die Gegenstände bezeichnen, welche aufgrund ihrer gesellschaftlichen Bedeutungsaufladung zur Identität des Subjekts beitragen (vgl. ebd.: 145). Obgleich sich vergangene Klassenunterschiede heute nicht mehr so eindeutig identifizieren lassen, tragen Statussymbole auch in der heutigen Moderne zur Zuordnung und / oder Abgrenzung zu gesellschaftlichen Gruppen und Lebensstilen bei (vgl. Bretthauser 2003: 145; Hahn 2005: 62). Als Statussymbol der AkteurInnen des *Tiny House Movement* kann so das *Tiny House* selbst betrachtet werden. Das Objekt *Tiny House* impliziert so die Assoziation eines an Nachhaltigkeitsthemen orientierten minimalistischen Lebensstils.

---

80 Mehr dazu in der Habitus-Theorie vgl. Bourdieu (1982).

81 Mehr dazu in Kapitel: 4.2.1 (vgl. Reckwitz 2010, 2012).

Bretthauer (2003) stellt in diesem Zusammenhang vor allem das Bedürfnis nach Anerkennung durch Statussymbole heraus, was er mit dem Begriff eines „Wertevakuums" beschreibt, welches der Moderne inhärent zu sein scheint (153). Mit Hilfe von Objekten versuchen Individuen ihre Zugehörigkeit zu einer bestimmten Gruppe auszudrücken sowie Anerkennung innerhalb oder auch außerhalb dieser Gemeinschaften zu erlangen. „Statussymbole [werden] zum Fetisch unserer Sehnsucht nach Anerkennung und Differenz" (ebd.: 153).

Im Hinblick auf das zu untersuchende Phänomen stellt sich auch hier die Frage nach den Objekten und Handlungsweisen, die entscheidend sind, um einen Status zu markieren. AkteurInnen des *Tiny House Movement* zeigen mit dem Bau eines *Tiny House* eine Alternative zu der aktuellen Wohnproblematik in industrialisierten Großstädten auf, was mit der positiven Assoziation eines politischen Engagements einhergeht (vgl. Kapitel 4.2.2.2). Gleichzeitig versuchen sie sich nachhaltigen Themen anzunehmen und ihren Konsum zu reduzieren bzw. dahingehend zu optimieren, was sich zum Beispiel in Handlungsweisen wie dem Kauf von Bioprodukten, nachhaltig hergestellter Kleidung, Second-Hand-Ware oder eben auch einer ökologischen Bauweise des *Tiny House* bemerkbar macht (vgl. Kapitel 4.2.3). Durch gezielte Handlungsweisen grenzen sich die AkteurInnen automatisch von anderen sozialen Gruppierungen ab. Das Bedürfnis nach Statussymbolen zeigt sich hier in expliziten Symbolen einer nachhaltigen Lebensweise sowie im Gegenstand des *Tiny House* als bedeutungtragendem Symbol, das für Unabhängigkeit, Mobilität, Nachhaltigkeit und eine gewisse politische Einstellung steht (vgl. Kapitel 4.2.1.2, 2.3.2, 2.3.3). Dabei scheint vor allem die Anerkennung durch Gleichgesinnte, aber auch das Bedürfnis[82] nach individueller Selbstbestimmung entscheidend zu sein (vgl. Kapitel 4.2.1.2). Oberstes Ziel scheint dabei eine umfassende, minimalistische und nachhaltige Wohn- und Lebensweise zu sein, die bei Nichterreichen häufig mit der eigenen Schwäche des Konsumierens in Verbindung gebracht wird und mit dem Bewusstsein über negative Auswirkungen des Konsums gerechtfertigt wird. Das durch den Lebensstil geprägte Milieu, dem sich die Individuen zuordnen, ist dabei nicht starr, sondern kann sich im Laufe des Lebens verschieben. Dies zeigt sich häufig auch in den Aussagen der AkteurInnen[83], die sich mehrfach zuvor an einem anderen Lebensstil orientiert haben. Die Zuordnung zu einem gewissen Lebensstil ist dabei jedoch langfristig identitätsprägend (vgl. Hahn 2005: 62 f.).

---

82 Mehr zum Bedürfnisbegriff (vgl. Dobler 2004).

83 Vgl. dazu vor allem Interview Max *(#FL1)*, Fiona und Boris *(Mission Winzig)* und Luise *(Liebesobjekte)* sowie Kapitel 4.2.

3 Zur Ethnographie des Phänomens

3.1 Methodisches Vorgehen

Die Ergebnisse dieser Analyse beziehen sich auf Forschungsmethoden der historisch argumentierenden, gegenwartsbezogenen empirischen Kulturwissenschaft. Basierend auf der Erhebung eigener empirischer Daten, die in vier qualitativen Einzel-Interviews und einem gemeinsamen Interview (Paarinterview) generiert wurden, wurde der Gegenstandsbereich der Kulturwissenschaft im Hinblick auf das *Tiny House Movement* untersucht. Dieser orientiert sich vor allem an der „[...] Alltagskultur, d[em] selbstverständliche[n] Handeln, Erleben und Deuten von Subjekten in ihrer Lebenswirklichkeit" (Schmidt-Lauber 2001: 170). Die Nähe zu den Forschungssubjekten war bei der Erforschung des Phänomens von besonderer Bedeutung, da so der Fragestellung nach den individuellen Lebensentwürfen der AkteurInnen sowie deren Handlungs- und Deutungsmustern nachgegangen werden konnte. Die Systematisierung der Alltagswelt erfolgte hier durch ethnographische Methoden im Sinne eines Triangulationsverfahrens[84]. Daher erfolgt eine Kombination aus qualitativen Methoden, wie qualitativ-narrativ-biographische Interviews[85] und der Teilnehmenden Beobachtung. Durch den Facettenreichtum und die Pluralität der Art und Weise des Erzählens wurde zudem auf nonverbale Reaktionen und Atmosphären während der Interviewsituation und der Teilnehmenden Beobachtung im Sinne des kultursemiotischen Konzeptes nach Geertz (1983) geachtet. Geertz geht davon aus, dass der Mensch in ein selbstgesponnenes Bedeutungsgewebe verstrickt ist, wobei Kultur dieses Gewebe versinnbildlicht. Bei der Ethnographie geht es demnach um das Deuten und Untersuchen gesellschaftlicher Ausdrucksformen (Geertz 1983: 9). Das Phänomen *Tiny House* kann in dem Sinne als gesellschaftliche Ausdrucksform verstanden werden, welche in kulturelle Bedeutungsgewebe verstrickt ist. Anhand der genannten ethnografischen Methoden soll dieses entsprechend erforscht und gedeutet werden.

---

84 „Bei Triangulationsverfahren wird ein Phänomen aus verschiedenen Perspektiven betrachtet. Durch Verwendung unterschiedlicher Methoden, Datenquellen und Theorien und durch den Einbezug von verschiedenen Forschenden wird nicht nur ein vertieftes Verständnis einer Fragestellung erreicht, sondern können auch neue Forschungsmodelle entwickelt werden. [...] Auch, wenn die Triangulationsverfahren nicht Güterkriterien im Sinne eines objektiven Verständnisses des Untersuchungsgegenstands angestrebt werden, so ermöglichen sie doch differenzierte, in die Breite wie Tiefe gehende Perspektiven auf die aufgeworfene Fragestellung" (Muri 2014: 460). Hier sind vor allem die drei Triangulationstypen der *Daten-Triangulation*, der *Methoden-Triangulation* im Sinne qualitativer Ansätze und die der *Theorien-Triangulation* entscheidend.

85 Vgl. dazu auch (Lehmann 1979, 1980; Fuchs-Heinritz 1998).

Die Anwendung von qualitativen Verfahren ist vor allem dann nützlich, wenn sich der Forschungsgegenstand in abstrakter, vielschichtiger Weise zeigt und somit schwer greifbar ist. Qualitative Studien bieten durch die Vielzahl unterschiedlicher Praxismethoden die Möglichkeit, die Komplexität und Differenziertheit des Forschungsgegenstandes durch einen tieferen Einblick in die Alltagswelt der Subjekte zu veranschaulichen.

Welche qualitativen Methoden und Ansätze für die konkrete Forschung gewählt werden, ist abhängig von dem jeweiligen Forschungsgegenstand und der damit verbundenen Forschungsfrage. Das Erkenntnisinteresse dieser Forschung bezieht sich auf den Gegenstand des *Tiny House* Phänomens, verbunden mit der Frage, welche intrinsischen Motive und Beweggründe die AkteurInnen zu einer solchen Lebensweise verleiten und inwieweit das Phänomen als Form einer politischen Bewegung im Sinne einer Gegenbewegung gegen prekäre Problemlagen wie die aktuelle Wohnungsnot, ökologische Versäumnisse und die am Westen orientierte Konsumkultur betrachtet werden kann.

Um diesem Erkenntnisinteresse auf den Grund zu gehen, bedarf es eines induktiven, qualitativen Vorgehens, das im Sinne einer empirischen Gegenwartsforschung die Nähe zum Forschungssubjekt herstellt und dabei „situativ (das Thema im Raum und innerhalb sozialer Beziehungen verortend), kontextuell (multiperspektivisch) sowie prozessual (es in der Zeit situierend)" (Schmidt-Lauber 2001: 169) vorgeht.

In Anbetracht dessen stützt sich das Vorhaben auf die methodischen Prinzipien der qualitativen Einzelfallstudie, insbesondere auf jene des biographischen Interviews. Unter Berücksichtigung der resultierenden Intention, die jeweiligen Forschungsgespräche[86] möglichst offen und flexibel zu gestalten, bietet die genannte Methode die Chance, umfassendere Einblicke zu gewinnen, sowie ein differenziertes Verständnis individueller Lebens- und Gedankenwelten der AkteurInnen zu generieren (vgl. Schmidt-Lauber 2001: 171 ff.).

Durch die Charakterisierung der Methode des biographischen Interviews kann sowohl die Praxisform des offenen Interviews, die des narrativen Interviews, als auch das Verfahren des teilstrukturierten beziehungsweise leitfadengestützten Interviews gewählt werden. Um eine gewisse Vergleichbarkeit zwischen den zu interviewenden GesprächspartnerInnen zu gewährleisten, wurde die Praxisform des teilstrukturierten, leitfadenorientierten Interviews gewählt. Dabei wurde der Gesprächsleitfaden nicht im Sinne

---

86 Die Methode und Praxisform des Forschungsgesprächs beschreibt hier eine Kommunikation im Zuge eines wissenschaftlichen Prozesses, der gegensätzlich zum Terminus Interview, alle beteiligten AkteurInnen der Untersuchung auf derselben Ebene kategorisiert. Der Begriff tritt folglich dadurch hervor, dass er sich dezidiert von einer Hierarchie des Wissens abgrenzt. Mit dem Forschungsgespräch wird ein Austausch beschrieben, der auf Augenhöhe des Forschers und des/der zu Erforschenden stattfindet, welcher sich auf Empathie sowie den Wunsch, die GesprächspartnerInnen und deren Haltungen figurativ verstehen zu wollen, stützt (vgl. Gajek 2014: 57).

62

eines standardisierten Interviews angewendet, sondern vielmehr der Situation angemessen ins Gespräch integriert. Bei der Anwendung des Leitfadens[87] muss stets darauf geachtet werden, in der Gesprächssituation offen und flexibel zu bleiben und dabei, falls erforderlich, von der Abfolge der Fragen abzuweichen. Bei der Interviewsituation wurde explizit darauf geachtet, den Leitfaden nicht konkret anzuwenden, um auf neue, abweichende Gesprächsverläufe angemessen eingehen zu können (vgl. ebd.: 177). Hier wurde sich auf die Methode des problemzentrieten Interviews nach Witzel (1982) bezogen. Gemäß seiner Methode wird das Leitfaden-Interview im Sinne einer formlosen Orientierung am Leitfaden begriffen. Bei der Erhebung werden den GesprächsparterInnen somit diverse Artikulationsmöglichkeiten gewährt, die gerade diese Offenheit und Flexibilität im Sinne des narrativen Forschungsgesprächs einräumen.

Wesentlicher Bestandteil der Interviews waren Fragen bezüglich der individuellen Motivation und der Verknüpfung der Gedankenwelten der AkteurInnen zum Gegenstand des Phänomens. Diese Art der qualitativen Methodik wurde gezielt ausgewählt, um abgesehen von einer Exploration des zuvor noch wenig erforschten Themas die Möglichkeit zu generieren, das Feld hinsichtlich individueller Beweggründe und weiterer Zusammenhänge zu erfassen und empirisch darstellbar zu machen. Wichtige Werthaltungen, Einstellungen, sowie die Erfassung der tatsächlichen Alltagswelt der Forschungssubjekte, konnte so gut eingefangen und begriffen werden (vgl. Flick et al. 2005).

Während der Untersuchung wurde stets darauf geachtet, dem empirischen Anspruch an die eigene Forschung gerecht zu werden und somit die Lebenswelten „von innen heraus" aus der Perspektive der handelnden AkteurInnen zu beschreiben (Flick 2010: 14). Flick bezeichnet diese Betrachtung als sogenannten „emischen Blick" (14), der es dem Forscher/der Forscherin ermöglicht, ein besseres Empathievermögen zu entwickeln, um so Verständnis für die mannigfachen Lebenswirklichkeiten der zu untersuchenden Subjekte zeigen zu können. Das Forschungssubjekt gilt hier selbst als Experte/Expertin seiner/ihrer eigenen Lebenswelt, welche dementsprechend widergespiegelt wird. Der fremde, objektive Blick des Forschers/der Forscherin wird dabei dennoch zu einer Erkenntnisquelle, die eine Selbstverständlichkeit und Alltagsbefangenheit der zu untersuchenden Subjekte durch die subjektive Wahrnehmung ihres Alltags unvoreingenommen und kritisch hinterfragen kann und einen demensprechend objektiven Blick auf das zu erforschende Erkenntnisinteresse zulässt. Grundlage einer jeden empirischen Feldforschung ist dabei die Frage nach der eigenen Forscherrolle. Der Einfluss

87 Beim Interview-Leitfaden wurde stets darauf geachtet, diesen den InterviewpartnerInnen entsprechend anzupassen und dabei im Sinne eines theoretischen Samplings (vgl. dazu Kapitel 3.2 *Grounded Theory*) kontinuierlich zu verbessern und an aktuelle Erkenntnisse anzupassen. Die Fragen und Themenfelder wurden dabei nicht starr, sondern flexibel angesehen und der Situation entsprechend angepasst und verwendet.

des Forschers/der Forscherin auf das zu untersuchende Feld soll dabei so gering wie möglich, also im Sinne eines objektivistischen Ideals erfolgen. Durch die Interaktion mit den AkteurInnen kann es aber durchaus zu sogenannten „Störungen im Feld" (Schmidt–Lauber 2001: 232) kommen, die keineswegs von der Forschung abhalten sollen, sondern, ganz im Gegenteil, häufig einen wichtigen Beitrag zur Generierung wertvoller Erkenntnisse leisten.

Als weiteres methodisches Vorgehen wurde die Ethnographie im Sinne der kulturwissenschaftlichen Methode der Teilnehmenden Beobachtung (vgl. Kaschuba 2006: 205) gewählt. Mit dieser Form der Feldforschung wird der Versuch angestrebt, dieses näher zu beschreiben, um Rückschlüsse auf zu erforschende Fragestellungen geltend zu machen. Teilnehmend zu beobachten ist dabei eine kennzeichnende Schlüsselmethode der Feldforschung (vgl. Schmidt-Lauber 2001: 220) und somit eine induktive und flexible Methode mit einem multimethodischen Zugang, „[...] der auf der aktiven, beobachtenden Teilnahme am alltäglichen Leben der Beforschten zum Ziel des sinnverstehenden Miterlebens und Nachvollziehens von Wirklichkeitszusammenhängen basiert" (ebd.: 219). Sie ist mit den Zielen verbunden, die sozialen Zusammenhänge des Feldes zu verstehen, das Thema so gut wie möglich greifbar zu machen und das bisherige Forschungskonzept gegebenenfalls noch einmal zu hinterfragen (vgl. Cohn 2014: 72 ff.). Die Methode der kulturwissenschaftlichen Gegenwartsforschung ermöglicht eine Annäherung an den gelebten Alltag der Subjekte und ist ein „perspektivreicher und lebensnaher Einblick in kulturelle und soziale Wirklichkeiten" (vgl. Schmidt-Lauber 2001: 243).

Während zwei teilnehmenden Beobachtungen im Feld[88] wurde darauf geachtet, das tatsächliche, alltägliche Handeln der AkteurInnen in der natürlichen, realen Situation

---

88 Eine der beiden Teilnehmenden Beobachtungen fand durch die Teilnahme an einem Vortrag der zuvor interviewten Akteurin Luise L. (Liebesobjekte) in Kaufbeuren im Ostallgäu statt. Der Vortrag hatte den Titel *Minimalismus – ein Genuss!* und fand am 11. 10. 2018 mit etwa 30 Personen in einer Bau- und Fenster-Firma (Linara) statt. Luise berichtete bei dem Vortrag vom eigenen Leben im *Tiny House* und wie sich dieses seither immer mehr in die Richtung einer minimalistischen Lebensweise bewege. Der Vortrag war im Sinne eines Dialogs aufgebaut, sodass sich die Möglichkeit bot, viele Perspektiven und Lebenswelten der teilnehmenden ZuschauerInnen zum Thema *Tiny House* und minimalistische Lebensweisen zu erlangen, welche zusätzliches Material für das Erkenntnisinteresse lieferte. Zudem wurde ein „Free Tiny House Seminar" mit sich daran anschließender Richtfest Jause in München/Pasing am 2. 11. 2018 besucht. Die Beiden InterviewpartnerInnen Fiona und Boris stellten hier ebenfalls in einem kleinen Rahmen ihr Projekt *Mission Winzig* vor und klärten dabei Fragen zu bürokratischen Prozessen sowie Baumaßnahmen und Schwierigkeiten bei dem anstehenden Schritte für den Bau ihres *Tiny House* – welches dem Anspruch eines ökologischen Hauses entsprechen soll. Auch hier war eine Besucherzahl von 25–30 Menschen zu verzeichnen. Die Veranstaltung fand in ihrem noch unfertigen *Tiny House* statt und bot auch hier einen dialogischen Austausch zwischen den beiden AkteurInnen und den TeilnehmerInnen. Die Veranstaltung bot die Chance, mit einigen der BesucherInnen ins Gespräch zu kommen und dabei die Motivation,

festzuhalten.[89] Bei der Untersuchung des Gegenstandes wurde eine nichtverdeckte Beobachtungssituation gewählt, um den AkteuerInnen die Möglichkeit zu geben, frei zu entscheiden, inwieweit sie Teil der Beobachtung sein wollen, denn: „[...] neben dem ‚Recht auf Forschung' [muss es] stets auch ein ‚Recht auf Nicht-Erforscht-Werden' geben [...]" (Kaschuba 2006: 207).

3.2 Sampling und Datenerhebung

Um das wachsende Interesse an nachhaltigen Lebens- und Wohnformen, welches auch in Deutschland verstärkt wahrnehmbar ist (vgl. Kapitel 2.1), kulturwissenschaftlich zu hinterfragen, wurde nach entsprechenden Forschungssubjekten gesucht, die sich als Teil des *Tiny House Movement* betrachten.

Zunächst erfolgte eine explorative Phase, die als Einstieg ins Feld, zur Orientierung und zur Präzisierung der Fragestellung diente (vgl. Schmidt-Lauber 2001: 229). Im Anschluss daran wurde sich der problemorientierten intensiven Feldforschungsarbeit gewidmet, um empirisches Material für die Arbeit zu generieren (vgl.: 229). Entsprechend erfolgte auch die Suche nach geeigneten GesprächspartnerInnen in dem zu untersuchenden Feld.

Diese gestaltete sich – wie bereits im Vorfeld angenommen – weitgehend unproblematisch. Ein erster Feldzugang konnte hier über den erweiterten Bekanntenkreis zum ersten Interviewpartner Max *(#FL1)*[90] gefunden werden. Ein weiterer Zugang zum Feld eröffnete sich durch die Kontaktaufnahme zu Van Bo von der Projektutopie der *Tinyhouse University* in Berlin. Durch die Website des in Berlin gegründeten Kollektivs[91] und deren Facebook-Präsenz konnten gleich drei zukünftige GesprächspartnerInnen erreicht werden, was mit dem Charakter eines „Schneeballsystems" (Schmidt-Lauber 2001: 231) erklärt werden kann. Durch die anschließende, direkte Kontaktaufnahme konnten die AkteurInnen für die Forschung gewonnen werden. Weitere AkteurInnen

---

an solch einer Veranstaltung teilzunehmen, abzufragen. Hier erfolgte durchweg die Kontaktaufnahme mit Menschen, die selbst großes Interesse an dem Bau und dem Leben in einem *Tiny House* haben und als Hauptmotivation steigende, überteuerte Mietpreise und Wohnungsmangel im urbanen Raum München angaben sowie eine langfristige Zuwendung hin zu nachhaltigen, minimalistischen Lebensweisen anstreben (vgl. Kapitel 4).

89   Da es sich bei beiden teilnehmenden Beobachtungen um Veranstaltungssituationen handelte, muss natürlich von einer möglichen Abweichung von einer natürlichen Situation ausgegangen werden. Trotz der Öffentlichkeit der Veranstaltung war es möglich, das tatsächliche Handeln der AkteurInnen zu beobachten, da die Veranstaltungen im kleinen Rahmen stattfanden und Raum für einen regen Austausch in Form von Dialogen während und nach den Vorträgen/Gesprächen boten.

90   Vgl. Kapitel 3.4.4 – Max E./Projekt *#FL1*.

91   Bauhaus Campus, URL: http://bauhauscampus.org/tiny-houses/ [letzter Zugriff: 20. 1. 2019].

konnten ebenfalls über Social Media Plattformen ausfindig gemacht werden, da hier zahlreiche VertreterInnen alternativer Lebens- und Wohnformen zu finden sind.[92] Die Kontaktaufnahme mit den meisten InterviewpartnerInnen erfolgte daher ebenfalls via Social Media, primär über die Plattformen Facebook und Instagram. Alle befragten Personen pflegen einen aktiven Social Media Account, den sie mit ihren aktuellen *Tiny House*-Projekten bespielen. Für den Einstig und Zugang zum Feld war hier kein sog. „Doorkeeper" (ebd.: 230) erforderlich, da die AkteurInnen ohnehin mit ihren Projekten eine breite Öffentlichkeit adressieren wollen, was sich sicherlich in dem vereinfachten Zugang zum Feld widerspiegelte. Ein weiterer Grund für den unproblematischen Zugang zu den GesprächspartnerInnen besteht in der Tatsache, dass trotz der eigenen Rolle als Forscherin bis zu einem gewissen Grad der Anspruch besteht, selbst als Teil der Community identifiziert zu werden. In der zusätzlichen Rolle der jungen Akademikerin, die ein gesteigertes Interesse für nachhaltige und ökologische Lebensweisen pflegt, passt diese durchaus in das Bild der VertreterInnen des *Tiny House Movement*, was sicherlich positiv dazu beigetragen hat einen schnellen Zugang zu den Befragten Personen und der *Tiny House Community* zu gewinnen.[93]

Die Erhebung der Interviewgespräche erfolgte auf unterschiedle Weise. Aufgrund der Verteilung der Probanden über ganz Deutschland/Europa, konnte nicht immer ein „Face-to-face-Gespräch"[94] mit den InterviewpartnerInnen erfolgen. Bis auf einen Akteur[95] konnten jedoch alle Begegnungen in einem persönlichen Rahmen stattfinden, wobei die Interviews aus Zeitgründen der GesprächspartnerInnen dennoch über

---

92 Anzumerken ist in diesem Zusammenhang, dass während der explorativen Phase zahlreichen Facebook-Gruppen beigetreten wurde, die Themen wie Minimalismus, alternative Lebensformen und *Tiny Houses* thematisieren: Vgl. Minimalismus/mit wenigen Dingen glücklich, URL: https://www.facebook.com/groups/MinimalistenDACH/?ref=group_browse_new. Vgl. Tiny House München und Umgebung, URL: https://www.facebook.com/groups/130698547753009/?ref=group_browse_new. Vgl. Minimalismus – Weniger ist mehr, URL: https://www.facebook.com/groups/16614779541062 47/?ref=group_browse_new. Vgl. Tiny House Germany, URL: https://www.facebook.com/groups/16 26348404246875/about/ [letzter Zugriff: 20. 1. 2019].

93 „Ein erfolgreicher Zugang ist zumeist dann möglich, wenn der oder die Forschende zunächst an eine Rolle anknüpft, die den Menschen im Feld geläufig und plausibel ist: [...] Doch auch andere Faktoren wie das Geschlecht, das Alter, die regionale, ethnische oder nationale Herkunft, das Sozialmilieu und der Bildungsgrad im Unterschied zu den Gesprächspartnern beeinflussen die Rolle(n) und Beziehungen vor Ort" (Schmidt-Lauber 2001: 230).

94 Bei der „face-to-face" Interviewsituation wurde darauf geachtet, einen Ort zu wählen, der für den/ die zu Interviewende angenehm ist. Das Interview mit Leonardo D. C. *(aVOID)* fand so in seinem eigenen *Tiny House* statt, das Interview mit Max E. *(FL1)* wurde in einem kleinen, ruhigen Café in der Nähe seines Arbeitsplatzes in München geführt. Sowohl die beiden Telefoninterviews mit Van Bo L. M. *(Tinyhouse University)* als auch Luise L. *(Liebesobjekte)* sowie das Skype Interview mit Boris und Fiona *(Mission Winzig)* fanden in einem ruhigen Rahmen zu Hause statt.

95 Vgl. Kapitel 3.3.1 – Van Bo Le-Metzel/Projekt *Tinyhouse University.*

diverse Kommunikationswege erfolgten. Drei der qualitativen Interviews wurden via Telefon oder Skype geführt – wobei anzumerken ist, dass drei der befragten Personen bei der ethnographischen Methode der Teilnehmenden Beobachtung im Feld im Rahmen ihrer Veranstaltungen persönlich anzutreffen waren. Die anderen beiden Interviews resultierten aus einer persönlichen Gesprächssituation heraus. Zu der Erhebung der fünf biografisch-narrativen, auf einen Leitfaden gestützten Interviews[96], erfolgten zwei Teilnehmende Beobachtungen im Feld, die über informelle Gespräche einen zusätzlichen Zugang zu weiteren VertreterInnen und InteressentInnen der *Tiny House Community* boten.

Alle generierten Interviewdaten wurden digital als Sprachmemo aufgezeichnet, um anschließend eine wortgetreue Transkription der Gespräche zu ermöglichen. Die darauffolgende Transkription der Daten[97] ermöglichte eine tiefergehende inhaltliche Analyse in Anlehnung an die *Grounded Theory*[98] nach Glaser und Strauss (2005). Zu Analysezwecken wurde die neueste Version des Software-Programms *MAXQDA* verwendet. Als zentrale Verfahren und Voraussetzungen für eine theoretisch orientierte Analyse werden im Sinne der *Grounded Theory* drei systematische Erhebungsverfahren genannt: Das theoretische Sampling, die komparative Analyse eines kontinuierlichen Vergleichs und der Gebrauch eines Kodierparadigmas (vgl. ebd.: 450). Dabei schlägt die *Grounded Theory* drei verschiedene Kodierschritte vor: Das offene Kodieren, das axiale Kodieren und das selektive Kodieren (vgl. ebd.: 451).[99]

In der vorliegenden Arbeit wurde versucht, allen drei Kodierungsverfahren gerecht zu werden. Zunächst wurden die ersten Kodierschritte, das offene Kodieren und das axiale Kodieren, in Form eines zirkulären Forschungsprozesses im Sinne der *Grounded Theory* angewandt. Der letzte Schritt des selektiven Kodierens wurde im Hinblick auf drei Kategorien und Themenfelder, die für die Beantwortung der Fragestellung dieser Arbeit als besonders relevant erscheinen, verdichtet. Da sich das Phänomen

---

96 Die Interviewgespräche dauerten in der Regel zwischen 30 Minuten und einer Stunde.

97 Aufgrund einer besseren Lesbarkeit wurden die Interviews zum Teil sprachlich bereinigt, dennoch können sprachliche Merkmale der InterviewpartnerInnen wie Dialekt, Denkpausen und auffällige Verhaltensweisen wie zum Beispiel Lachen aus dem Transkript hervorgehen. Auslassungen von Interviewpassagen sind folgendermaßen gekennzeichnet: [...].

98 Da eine ausgiebige systematische Erhebung und Auswertung von Daten im Sinne des Forschungsstils der *Grounded Theory* nach Glaser/Strauss (2005), den Rahmen dieser Arbeit sprengen würde, soll sich lediglich auf diese gestützt werden. Dennoch wurden bei der Erhebung eigener qualitativer Daten, methodische Leitlinien und konkrete Vorgehensweisen in Bezug auf den Forschungsstil der *Grounded Theory* mit einbezogen, um anschließend zu einem empirisch fundierten Ergebnis zu kommen. Dem Anspruch des Forschungsstils, eine eigene Theorie zu generieren, konnte im Umfang dieser Arbeit jedoch nicht nachgegangen werden.

99 Mehr dazu unter Strauss/Corbin (1996) – Kodier-Schritte; Strauss (1998) – theoretisches Sampling; Glaser/Strauss (2005) – Bilden der Theorien.

kulturwissenschaftlich bislang noch auf keine empirischen Untersuchungen stützt, lag der Fokus der Analyse auf den drei wichtigsten Faktoren, die einen Gesamteinblick in das Feld und das Phänomen verschaffen und vor allem auch intrinsische Leitmotive der AkteurInnen berücksichtigen. Das Ziel des sozialwissenschaftlichen Ansatzes der *Grounded Theory* zur systematischen Analyse qualitativer Daten ist es, eine eigene Theorie zu generieren. Im Rahmen dieser Arbeit war es nur bedingt möglich, diesem Anspruch gerecht zu werden. Dennoch führten die verschiedenen Analyseschritte und der permanente Vergleich gesammelter Daten dazu, das Erkenntnisinteresse entscheidend zu konkretisieren und das soziale Phänomen des *Tiny House Movement* in seinen Grundzügen zu verstehen und sichtbar zu machen. Die drei generierten Kategorien können dabei als Ausgangspunkt für weitere kulturwissenschaftliche Erhebungen bezüglich des zu untersuchenden Phänomens dienen.

4 Datenanalyse

4.1 Portraits der AkteurInnen und Vorstellung der Projekte

Um ein besseres Verständnis für die AkteurInnen gewinnen zu können, soll eine kurze Vorstellung der Personen, ihrer *Tiny-House*-Projekte und der Konzeptideen erfolgen. Die empirischen Daten, Interviewausschnitte und Zitationen der befragten Personen sollen so dem Kontext biographischer Informationen zugeordnet und mit den entsprechenden *Tiny-House*-Projekten und Konzepten der ProtagonistInnen nachvollziehbar gemacht werden.

4.1.1 Van Bo Le-Mentzel: Projekt *Tinyhouse University*[100]

Der 41 Jahre alte Berliner Architekt Van Bo Le-Mentzel wurde in Thailand geboren, ist aber in Deutschland aufgewachsen und zur Schule gegangen. Er hat 2016 die *Tinyhouse University* (TinyU) als Verein in Berlin ins Leben gerufen. Das Berliner Kollektiv aus GestalterInnen, BildungsaktivistInnen und Geflüchteten wurde 2016 von Van Bo initiiert und anschließend von weiteren VertreterInnen der *Tinyhouse Universtiy* mitgegründet. Die sogenannte *TinyU* verfolgt das Ziel, soziale Nachbarschaften auf kreative Art und Weise zu erforschen und beschäftigt sich dabei unter anderem mit folgenden Fragestellungen: „Gibt es Alternativen zu Flüchtlingscontainern? Wie gestalten wir Nachbarschaften in einer Einwanderungsgesellschaft? Wie müssen wir neu arbeiten, lernen und lehren, um die großen Herausforderungen der Zukunft zu meistern?"[101] Auf dem Bauhaus Campus Berlin führten die AkteurInnen der *Tinyhouse University* ein künstlerisches Experiment am Bauhaus-Archiv durch und suchten nach neuen Wegen in der Bildungs- und Baukultur. Das im März 2017 ins Leben gerufenen Projekt nutzte die Räume des Bauhaus-Campus als Möglichkeitsraum für demokratische Utopien. Zahlreiche Projektideen fanden hier in gemeinsamen Studienrunden, Bauworkshops und anderen Formen des Miteinanders eine offene Bühne für Ideen, um Bauen neu zu denken. Alle Projekte des temporären Campus waren in *Tiny-House*-Strukturen organisiert. Van Bo beschreibt *Tiny Houses* als „mobile Architekturen, die in der Regel nicht größer als ein Parkplatz (10 m²) sind".[102] Die AkteurInnen forschten zu Themen wie Mindestwohnung, Ditte Orte, Autarkie sowie Coworking für

---

100 Telefoninterview am 8. 10. 2018.

101 Vgl. Bauhaus Campus, URL: http://bauhauscampus.org/ [letzter Zugriff: 20. 1. 2019].

102 Aktuell wird die *Tiny House Wohnmaschine* in Zusammenarbeit mit Freiwilligen und der HGH – Fachschule Holztechnik & Gestaltung Hildesheim als neues Projekt von der *TinyU* gebaut. Auch das *New Work Studio* und der *Tiny Tempel* stehen nach wie vor zur öffentlichen Nutzung bereit und werden in Berlin zur Zwischennutzung auf Parkplätzen probebewohnt oder zum Coworken zur Verfügung gestellt. Zudem werden immer wieder *Tiny House* Besichtigungstouren für Interessierte

Abbildung 1: Das Tiny House aVOID bei der Projektutopie der Tinyhouse University auf dem Bauhaus Campus in Berlin, ©Leonardo Di Chiara

Geflüchtete. Dazu nutzten sie ihre selbstgebauten *Tiny Houses* nicht nur zum Wohnen, sondern stellten diese auch für Projektformate, Workshops und andere Treffen auf dem Bauhaus Campus zur Verfügung. Nicht nur das Projekt der *TinyU*, sondern auch bekannte *Tiny-House*-Wohnkonzepte, wie die *100-Euro-Wohnung* oder das *New Work Studio* von Van Bo, erfreuten sich reger medialer Aufmerksamkeit. Aktuell finden immer wieder kleinere Wohnprojekt-Ideen in und mit *Tiny Houses* statt. Vor allem die Idee der Zwischenraumnutzung von Parkplätzen und Brachflächen im urbanen Raum ist ein zentrales Ziel des Kollektivs.

4.1.2 Luise Loué: Projekt *Liebesobjekte*[103]

Luise Loué ist Ende 30, stammt aus dem Chiemgau, wo sie, wie sie selbst sagt, ländlich aufgewachsen ist. Sie machte einen allgemeinen Hochschulabschluss und studierte und arbeitete nach ihrem erfolgreichen Studienabschluss in Romanistik, VWL und Politischen Wissenschaften (Magister) als Projektmanagerin und Antiquitätensammlerin. Luise hatte schon von Kindheit an den Drang, eigene Ideen umzusetzen, wurde jedoch nach eigener Aussage immer von den Eltern zurückgehalten, wodurch sie erst seit ein paar Jahren, eigene Projekte und Ideen verfolgt. Im August 2017 hat sie sich spontan auf einen Facebook-Aufruf bei der *Tinyhouse University* beworben, um einen

---

angeboten. Vgl. Tinyhouse University, URL: https://www.facebook.com/tinyhouseuniversity/ [letzter Zugriff: 20.1.2019].

103 Telefoninterview am 11.10.2018.

Abbildung 2: Luise Loué vor ihrem Tiny House „Liebsobjekt", ©anneliwest/berlin

Rohbau von einem eigenen *Tiny House* für 5.000 € zu realisieren, der durch Freiwillige errichtet werden sollte. Mit ihrem Konzept des „Museums der Liebesobjekte"[104] hat sie sich bei der *Tinyhouse University* beworben und wurde für die Projektidee zugelassen. Die darauffolgende Bauphase des *Tiny House* dauerte von September bis Februar und wurde auf dem Bauhaus Campus in Berlin realisiert. Nach der Fertigstellung ihres *Tiny House*, welches von der *TinyU* auf den Namen *Tito House* getauft wurde, entschied sie sich dazu, sich die zentrale Lage in Berlin und das Netzwerk an Leuten und Journalisten zu Nutze zu machen und setzte zum ersten Mal ihre eigenen Ideen in den Räumen des *Tiny House* um. Mit dem Ende der einjährigen Projektutopie der *Tinyhouse University* auf dem Bauhauscampus in Berlin, transportierte sie ihr *Tiny House* zurück in den Süden an den Ammersee in der Nähe von München und nahm ihre Events im Sommer 2018 erneut auf. Hier veranstaltete sie kulturelle Events wie Lesungen, Vorträge und ein Geigenkonzert. Zusätzlich zu ihren Veranstaltungen startete Luise im Sommer 2018 ihr Wohnprojekt im *Tiny House* und verbrachte die Sommermonate gemeinsam mit ihrem 4-jährigen Sohn auf einem Dauercampingplatz am Ammersee. Bei ihrer

---

104 Vgl. Liebesobjekte, URL: https://www.liebesobjekte.de/tinyhouse/ [letzter Zugriff: 20. 1. 2019].

Abbildung 3: Leonardo in seinem Tiny House aVOID, ©Leonardo Di Chiara

Vortragsreihe „Minimalismus – ein Genuss!" erzählt sie von ihrem Leben im *Tiny House* und ihrer Hinwendung zu einem nachhaltigen, minimalistischen Lebensstil.[105]

4.1.3 Leonardo Di Chiara: Projekt *aVOID*[106]

Leonardo Di Chiara ist ein 28 Jahre alter italienischer Architect und Ingenieur aus Pesaro. Mit seiner Baukunst hat er sich speziell auf temporäre Architektur und *micro-living* spezialisiert. Leonardo interessierte sich bereits im frühen Kindesalter für neue Wohnformen und ist auf das Phänomen des *Tiny House Movement* aufmerksam geworden, weil er bereits als Kind und in seiner Jugend in einem 7 m² Zimmer lebte und sich dabei mit dem Leben auf kleinem Raum arrangieren musste. Sein 9 m² großes *Tiny House aVOID*[107] baute er im Sommer 2017. Zeitgleich wurde er auf die Tinyhouse Universtiy aufmerksam und entschied sich dazu, mit seinem *Tiny House* auf dem Bauhaus Campus in Berlin zu leben und an dem Projekt im Rahmen der TinyU mitzuwirken. Nach dem Ende der *Tinyhouse University* startete er im März 2018 seine eigene sogenannte *aVOID*-Tour durch Europa, um sein *Tiny House* und seine Idee europaweit vorzustellen. Auf seiner Tour machte er auch einen dreitägigen Zwischenstopp

---

105 Am 11. 10. 2018 bot sich so die Möglichkeit bei einem ihrer Vorträge in Kaufbeuren als teilnehmende Beobachterin zuzuhören und das *Tiny House* als Luises „Liebesobjekt" live zu besichtigen. Vgl. Facebookveranstaltung Liebesobjekte, URL: https://www.facebook.com/events/2414907201869381/ [letzter Zugriff: 20. 1. 2019].

106 Persönliches Interview am 20. 9. 2018.

107 Vgl. Homepage Leonardo Di Chiara, URL: http://www.leonardodichiara.it/; vgl. Facebookhomepage Leonardo Di Chiara, URL: https://www.facebook.com/leodikia [letzter Zugriff: 20. 1. 2019].

in München, wo er mit einer Ausnahmeregelung direkt auf dem Odeonsplatz vor der Feldherrenhalle wohnen durfte.[108] Aktuell arbeitet er an einer Studie über *Tiny Houses* und deren Integration in den urbanen Raum. Sein Ziel ist es, ein Konzept zu entwickeln, das temporäre Modelle und vorübergehende Siedlungen vorschlägt, die er als „Migratory Neighborhoods" bezeichnet. Dabei sollen vor allem ungenutzte Flächen in den zentralen Bereichen der Städte neu bespielt werden, um somit die Möglichkeit der Zwischennutzung neu zu denken.

4.1.4 Max Eule: Containerprojekt *#FL1*[109]

Max Eule ist 30 Jahre alt, in Stuttgart geboren und in der Nähe des Ammersees in Landsberg bei München aufgewachsen. Er ist dort zur Schule gegangen und hat sein Abitur gemacht. Im Anschluss an seine Schullaufbahn hat er eine Lehre zum Veranstaltungskaufmann absolviert und ist dann durch diverse Nebenjobs auf den kreativen Bereich aufmerksam geworden. Daraufhin hat er sich für eine Schreinerlehre entschieden, um im Bereich Design tätig zu werden. Aktuell arbeitet er freiberuflich bei einer Firma als Interieur Designer. Zusammen mit seiner Lebensgefährtin hat er beschlossen, dass er zu den aktuellen Wohnkonditionen nicht mehr in einer Stadt wie München leben möchte/kann. Um sich ein Eigenheim aufbauen zu können, machten sie sich mit alternativen Wohnkonzepten vertraut und stießen dabei auf die Alternative, sich einen Frachtcontainer zu einem mobilen *Tiny House* auszubauen. Die alternative Wohnform verbindet für die beiden sowohl die Bedeutsamkeit des finanziellen Aspektes, entspricht aber auch ihren weiteren Bedürfnissen und Ansprüchen nach Flexibilität, Komfort und Qualität. Die Entscheidung auszuwandern und die in Deutschland konstruierten Container nach Portugal an die Algarve zu transportieren, trafen die beiden aus persönlichen Präferenzen. Ausschlaggebend war hier jedoch auch die niederschwellige Bürokratie sowie günstigere Pachtkonditionen im Ausland. Mit seiner Firma *mlab. design*[110] und dem Containerprojekt *#FL1 Future living* will er die drei Aspekte Nachhaltigkeit, Qualität und Design verbinden. Mit dem Ausbau von Frachtcontainern zu einem minimalistischen Wohnraum beabsichtigt er zu zeigen, dass mit der richtigen Bauweise auch kleine Räume lebenswert sind und zudem gewisse Vorteile damit einhergehen. Mit dem Ausbau zweier Container entsteht ein Wohnraum von 48 m². Die Container funktionieren dabei völlig autark und sind in ökologischer Bauweise gefertigt. Aktuell lebt Max mit seiner Freundin und seinem Kind in den Wohncontainern in Portugal und dreht einen Film über die Lebensweise in einem *Tiny House*. Als

---

108 Hier eröffnete sich die Möglichkeit, Leonardo persönlich kennen zu lernen und für ein gemeinsames Gespräch in seinem *Tiny House aVOID* zu besuchen.

109 Persönliches Interview am 17.9.2018.

110 Vgl. mlab, URL: http://www.mlab.design/fl1/ [letzter Zugriff: 20.1.2019].

Abbildung 4: Max in seinem Container House #FL1 mit Innenansicht des Raumkonzeptes, ©Rodrigo Cardoso

zukünftiges Ziel strebt er an, weitere Container für InteressentInnen auszubauen, um langfristig seine Leidenschaft auch kommerziell zu verfolgen und dauerhaft alternative Wohn- und Lebensformen voranzutreiben.

4.1.5 Fiona und Boris: Projekt *Mission Winzig*[111]

Fiona ist Mitte zwanzig, im Münchner Stadtteil Westend aufgewachsen, war auf einer Integrationsschule und hat später ihr Abitur auf einem Gymnasium in Moosach absolviert. Im Anschluss daran hat sie Sinologie, Ethnologie und VWL in München studiert. Boris ist 26 Jahre alt, kommt aus Nordrhein-Westfalen und hat hier sein Abitur und sein Studium in Wirtschaftsingenieurwesen in Düsseldorf gemacht. Sein Masterstudium hat er daran anschließend in Nachhaltiger Städteplanung und Stadtentwicklung abgeschlossen. Mit ihrem *Tiny-House*-Projekt *Mission Winzig – ... große Gedanken*

111 Skype Interview am 30.11.2018.

Abbidung 5: Außenansicht des Tiny House Mission Winzig, ©Mission Winzig

auf kleinem Raum[112] möchten die beiden einen ökologischen Wohnvorschlag für eine Großstadt wie München etablieren. Ihr Ziel ist es, ein ökologisches Haus auf Rädern zu bauen, das weniger als 20 m² umfasst, flexibel und energieautark ist. Dabei möchten sie nicht nur selbst an dem Bau ihres Hauses beteiligt sein, sondern auch andere daran teilhaben lassen. Auf ihrer Website verwalten sie eigene Blogs über den Bau ihres *Tiny Houses* und stellen kostenfreie Baupläne zur Verfügung. Zusätzlich organisieren sie Veranstaltungen rund um den Bau eines *Tiny House* und bieten hier entsprechende Vorträge[113] zu Bauweise, Bürokratie und anderen Themen an. Zudem bieten sie die Möglichkeit an, bei dem Bau eines *Tiny House* im Rahmen sog. Bauworkshops mitzuhelfen. Sie bezeichnen ihr *Tiny House* als Haus zum Selbermachen, das nichts an Komfort einbüßt und gleichzeitig nicht sonderlich kostspielig ist. Wichtig ist ihnen

---

112 Vgl. Homepage Mission Winzig, URL: https://missionwinzig.wixsite.com/home/projekt & Facebookhomepage Mission winzig, URL: https://www.facebook.com/missionwinzig/ [letzter Zugriff 20. 1. 2019].

113 Bei ihrem ersten Vortrag am 2. 11. 2018 bot sich so die Möglichkeit, das noch unfertige *Tiny House* der beiden zu besichtigen und bei der Veranstaltung teilnehmend zu beobachten sowie die ProtagonistInnen näher kennen zu lernen.

dabei die minimale Umweltbelastung und die nachhaltige Lebensweise. Langfristiges Ziel der beiden ist es, ihren gesamten Bauprozess transparent zu dokumentieren und sich dabei mit lokalen und deutschlandweiten Initiativen zu vernetzten, um die neue Wohnform der *Tiny Houses* langfristig als urbane Wohn-Alternative zu etablieren. Ihr Vorsatz ist es, langfristig Pop-up-*Tiny-House*-Dörfer auf Münchens Brachflächen zu errichten. Ein weiteres Ziel ist zudem, mehrere Menschen für nachhaltige Themen, alternative Wohnformen und ein selbstbestimmtes Leben zu sensibilisieren.

4.2 Darstellung der Ergebnisse

Im Sinne der *Grounded Theory* wurden anhand dreier Kodierungsverfahren mit Hilfe der Textanalyse-Software *MAXQDA* drei Kategorien entwickelt, die für das soziale Phänomen des *Tiny House Movement* immanent erscheinen. Im Mittelpunkt der Arbeit stehen die AkteurInnen und deren intrinsische Motivation. Hieraus ergeben sich folgende Forschungsfragen:
Wer identifiziert sich mit dem Phänomen und wie kommt es zu solchen alternativen Bewegungen? Die Arbeit zielt vor allem darauf ab, das soziale Phänomen des *Tiny House Movement* als alternative Wohnform und damit in Verbindung gebrachte minimalistische Lebensstile hinsichtlich der intrinsischen Motive einzelner AkteurInnen innerhalb der Bewegung herauszuarbeiten. Dabei stellt sich die Frage, inwiefern das Engagement und der Trend hin zu alternativen Wohnformen sowie die Zuwendung zu einem vermeintlich minimalistischen Lebensstil ein Mittel zum Ausdruck der Kritik am politischen System und der damit einhergehenden Konsum- und Wachstumsgesellschaft sind und durch das Mikrowohnen den Versuch anstreben, eine systemkritische Gegenantwort darauf zu formulieren.
Im Folgenden wurden die generierten empirischen Daten hinsichtlich dieses Erkenntnisinteresses untersucht und ausgewertet. Es erfolgt eine Vorstellung der drei zentralen Kategorien sowie der Versuch, das soziale Phänomen in seinem Charakter greifbar zu machen und umfassend darzulegen. Da die Erforschung des *Tiny-House*-Phänomens bisher noch unzureichend ist, kann die Illustration der Ergebnisse noch nicht als vollständig erachtet werden, zeigt aber durchaus einen wegweisenden Ansatz für weitere kulturwissenschaftliche Untersuchungen.

4.2.1 Kategorie I: Das *Tiny House Movement* als Mittelschichtsphänomen

Unter der Bezeichnung Mittelschicht ist diejenige Bevölkerungsgruppe zu verstehen, die im Sinne des sozialen Schichtungsmodells in der Sozialstruktur zwischen der Oberschicht und der Unterschicht verortet ist. Nach dem *Armuts- und Reichtumsbericht* der

Bundesregierung[114] zu urteilen, wird die Mittelschicht als diejenige Schicht definiert, die über 60 Prozent verdient, aber dennoch unter dem doppelten des mittleren Einkommens, des sogenannten *Medianäquivalenzeinkommens*[115] liegt. Die Darstellung von Schichtkonzepten offenbart sich in einem Positionsgefüge einer Gesellschaft, wobei die Zuordnung der Bevölkerung in die jeweiligen Schichten meist mit der Stellung auf dem Arbeitsmarkt und dem Erwerbssystem begründet wird. Ferner wird davon ausgegangen, dass mit der Zuordnung des Individuums zu einer bestimmten Schicht oder Position „spezifische Lebensverhältnisse und -chancen sowie auch klassen- oder schichtspezifische Interessen, Einstellungen und Verhaltensdispositionen – beziehungsweise Mentalitäten und Habitus – verbunden sind" (Noll/Weick 2011: 1). Noll und Weick (2011) untersuchten Personen hinsichtlich ihrer subjektiven Schichtzugehörigkeit und stellten dabei fest, dass die Identifikation mit einer sozialen Schicht, ungeachtet des variablen Einkommens und Bildungsabschlusses, gleichzeitig auch mit spezifischen Einstellungen einhergeht: „Welcher sozialen Schicht sich die Bürger selbst zuordnen, hängt zwar eng mit ihrer Bildung, ihrem beruflichen Status und ihrem Einkommen zusammen, lässt sich aber durch diese Merkmale allein nicht erklären, sondern wird darüber hinaus von weiteren Faktoren – zum Beispiel der sozialen Herkunft – sowie sozialen Vergleichsprozessen bestimmt" (ebd.: 6). Mit der Zuordnung zur Mittelschicht geht laut Studie zudem ein ausgeprägtes politisches Interesse einher.

Innerhalb der eigenen empirischen Forschung wurde, vergleichbar zu Grigsby (2004) und Elgin (1981), die Annahme getroffen, dass VertreterInnen des *Tiny House Movement*, ähnlich dem *Voluntary Simplicity Movement*, der Mittelschicht zuzuordnen sind. Wie bereits in den Kurzporträts festgehalten, verfügen alle befragten AkteurInnen sowohl über einen hohen Bildungsgrad als auch über ausreichend finanzielle Mittel.[116] Alle befragten Personen haben entweder das Abitur oder das Fachabitur erlangt und sind laut eigenen Aussagen in gut bürgerlichen Verhältnissen aufgewachsen, was ihnen mitunter den Zugang zum Bildungssystem ermöglichte und sie dazu befähigte einer Ausbildung oder einem Studium nachzugehen.

Ja also ich bin glaub ich so die typische Minimalismus-Zielgruppe. Mega behütet aufgewachsen und hatte eigentlich immer alles was ich gebraucht hab (lacht) (Interview Fiona).

---

114 Vgl. Der fünfte Armuts- und Reichtumsbericht der Bundesregierung (BMAS), URL: https://www.bmas.de/SharedDocs/Downloads/DE/PDF-Pressemitteilungen/2017/5-arb-kurzfassung.pdf;jsessionid=F15079218611CE055C745498DAE4542C?__blob=publicationFile&v=5 [letzter Zugriff: 20.1.2019].

115 Vgl. Expertengespräch Günther R., URL: https://www.daserste.de/information/ratgeber-service/geldcheck/wer-verdient-was-er-verdient-interview-statistisches-bundesamt-100.html [letzter Zugriff: 20.1.2019].

116 Vgl. dazu Interviews der AkteurInnen.

[...] ja ich würde sagen in gut bürgerlichen Verhältnissen, also wirklich auf'm Land und ja dann bin ich dort auch zur Schule gegangen, hab mein Abitur in Sankt Ottilien gemacht [...] (Interview Max).

Zudem stellte sich heraus, dass die AkteurInnen sich im Sinne einer subjektiven Schichtzugehörigkeit selbst der sozialen Mitte zugehörig fühlen und das aktuelle Phänomen auch durchaus selbst hier einordnen.

Ja genau! Also es ist eine Bewegung aus dem Mittelstand, das ist keine Bewegung von armen Leuten oder so. Arme Leute, die hausen in Zelten, die sind teilweise größer als Tiny Häuser. [...] Die Tiny House Bewegung ist keine Bewegung von den armen, sondern von der Mittelschicht! Die, die halt 50.000 € haben. Oder das Wissen haben, wie man an 50.000 € ran kommt. [...] Und diese Leute, die sich mit diesem Gedanken beschäftigen, aus der Mittelschicht, meistens Akademiker, irgendwelche Manager, Beamte und so weiter, Intellektuelle, Künstler und so – die bauen die Tiny Häuser (Interview Van Bo).

Nicht nur der Initiator und Architekt der *Tinyhouse University* Van Bo ist sich sicher, dass es sich bei dem Phänomen um eine Bewegung aus der Mittelschicht handelt, sondern auch Fiona und Boris sehen sich in der gesellschaftlichen Mitte verankert und wollen mit ihrem Wohnprojekt *Mission Winzig* Menschen ansprechen, die ähnlich wie sie denken und sich ebenfalls der Mittelschicht zugehörig fühlen.

Aber ich glaub, das ist für Leute die irgendwie individuell sind oder wie wir leben möchten [...]. Wir sprechen halt die Mittelschicht an, also halt die bürgerliche Mittelschicht, die halt 80 Prozent ausmachen. Also es ist jetzt keine sag ich jetzt mal komplett ... also wir zielen jetzt nicht auf die 2–3 Prozent Schicht ab, die ja irgendwie ganz anders leben möchten (gemeint sind hier zunächst ähnlich erscheinende alternative Wohnformen wie zum Beispiel der Stadtpark Olga in München)[117] (Interview Boris).

Hier wird auch der subjektive Charakter der Schichtzuordnung deutlich, da nicht nur der Bildungsgrad, der berufliche Status und das Erwerbseinkommen für eine Zuordnung zu einer Schicht entscheidend sind, sondern darüber hinaus weitere Faktoren damit einhergehen, wie spezifische Lebensverhältnisse, Interessenslagen sowie der Habitus. Hierauf soll im weiteren Verlauf der Darstellung der Analyse näher eingegangen werden.

Ein interessanter Aspekt macht sich auch in dem Sinne bemerkbar, dass die befragten AkteurInnen sich durchaus ihrer Lage bewusst sind. Durch das Bewusstsein der

---

117 Vgl. Stadtpark OLGA, URL: http://olga089.blogsport.de/ [letzter Zugriff:20.1.2019].

AkteurInnen darüber, aufgrund der Schichtzugehörigkeit über Privilegien zu verfügen, die es ihnen erst ermöglichen, sich einem Phänomen wie dem *Tiny House Movement* zu verschreiben, wird eine Metaebene deutlich. Fiona betont in diesem Zusammenhang vor allem die Exklusivität, die häufig mit dem Phänomen einhergeht und akzentuiert hier die Notwendigkeit, solche Grenzen langfristig zu öffnen.

Aber ich find's schon auch wichtig, dass man da nicht so exklusiv ist. Also ich glaub, dass die Leute die wirklich, die sich halt, ja die über Tiny Häuser nachdenken, die haben halt meiner Erfahrung nach meistens schon relativ – ja nicht viel Geld – aber auf jeden Fall die Mittel sich des zu leisten. Und ja also man muss das ja jetzt auch nicht nur für solche Menschen zur Verfügung stellen (Interview Fiona).

Auch Van Bo ist sich seiner sozialen Privilegien durchaus bewusst und macht darauf aufmerksam, dass durch gewisse finanzielle Mittel in Kombination mit kulturellem Kapital ein weitaus größerer Spielraum entsteht, sich die Stadt und deren Angebote zu erschließen. Diese Privilegien zeigen sich, seiner Aussage nach zu urteilen, gerade im Leben auf kleinem Raum, da man durch die Begrenzung des Wohnraums sowie dem begrenzten Zugang zu alltäglichen Ressourcen (wie Wasser etc.), vermehrt auf städtische Räume (wie Waschsalons etc.) angewiesen ist.

[...] also ich benutze einfach die Angebote der Stadt! Das kann man aber nur machen und das muss man ehrlicherweise auch dazu sagen, [...] wenn man sozusagen einen deutschen Pass hat, also ich habe einen deutschen Pass, mit vielen mit denen ich abhänge, die haben gar keinen deutschen Pass, die können nicht einfach mal so frei rumreisen auf der Welt wie ich. Ich kann das, weil ich Privilegien hab. [...] Aber ich hab viele Privilegien und ich nutze sie einfach. Ich nutze die Möglichkeiten und meine Privilegien in der Stadt und ich habe eben auch Geld! Also wenn du kein Geld hast, kannst du das zum Beispiel nicht machen (Interview Van Bo).

Auch der Architekt Leonardo sieht sich durch die ihm gegebene Möglichkeit der öffentlichen Präsentation seines *Tiny Houses aVOID* in einer privilegierten Position und betont immer wieder, dass es sich hier um eine für ihn glückliche Ausnahmesituation handelt, die so nicht in der realen Wohnpolitik zu erwarten ist:

So, I'm at Odeonsplatz now, in Italy I was also in a really central square in my Hometown and äh … in Milano I was in front of the Castle, so a situation really similar to this, so this gives me the chance to live in very crazy places but of course it´s a little bit fictional (lacht). It´s an expedition! (Interview Leonardo).

Betrachtet man das *Tiny House Movement* unter dem Blickwinkel einer Privilegien-Diskussion, ist zudem anzumerken, dass alle AkteurInnen die Möglichkeit haben, auch anderweitig zu wohnen. Sowohl Van Bo als auch Luise führen ein „Hybridleben"[118] und leben zusätzlich zu ihrer Wohnmöglichkeit im *Tiny House* in einer gewöhnlichen Wohnung. Sie nutzen das *Tiny House* ferner als Alternativraum, wie zum Beispiel als Arbeitsplatz, Kunstraum und Veranstaltungsraum. Aber auch die anderen AkteurInnen, die das Mikro-Haus gezielt als Erstwohnsitz gebrauchen, haben durchaus die Möglichkeit, zu einem gewöhnlichen Wohnraum zurückzukehren. Hier nennen Fiona und Boris als auch Leonardo[119] das Elternhaus als Eventualität – hier haben die AkteurInnen auch nach wie vor ihren Erstwohnsitz angemeldet.

Auch die Diskussion um Nachhaltigkeit und der Anspruch an nachhaltige Bauweisen und ein nachhaltiges, minimalistisches Leben, welches mit dem Wohnen in einem *Tiny House* einhergeht, offenbart sich für Van Bo in einem Phänomen der Mittelschicht und der Privilegiendiskussion, welche mit einem gewissen kulturellen Kapital und ökonomischen Ressourcen einhergeht.

Das heißt diese ganze Nachhaltigkeitsgeschichte ist für mich eine Privilegien-Diskussion. Also privilegierte Leute wie ich zum Beispiel die können sich sowas leisten, also ich kann mir sowas leisten, sowas zu rekrutieren aber mit den Leuten mit denen ich arbeite, die Kinder haben, keine deutschen Papiere haben, die kein Geld haben und so, die können sich so eine Diskussion gar nicht leisten, weil sie einfach das Geld dazu nicht haben und auch nicht die Zeit! (Interview Van Bo).

4.2.1.1 AkteurInnen als Teil der „creative class": Zuordnung zu kreativen Berufen

Kreativität wird in unserer aktuellen Gesellschaft eine enorme Relevanz zugesprochen und zeichnet sich so vor allem in den letzten Jahren in Form eines individuellen und sozialen Phänomens ab (vgl. Reckwitz 2012: 9). In diesem Zusammenhang ist auf die programmatische Studie Floridas (2000) *The Rise of the Creative Class* hinzuweisen, die eine Transformation westlicher Gesellschaften zwischen der Nachkriegszeit und der Gegenwart in Form einer kulturellen Transformation beschreibt. Ab den 70er Jahren kam es nach Florida zu einer Entstehung und Verbreitung eines sog. „kreativen Ethos" (vgl. Forida 2000 zit. nach Reckwitz 2012: 9): „Dessen Träger ist eine neue, sich rasch ausbreitende und kulturell tonangebende Berufsgruppe, die *creative class* mit ihren charakteristischen Tätigkeiten der Ideen- und Symbolproduktion [...]" (ebd. 9; Hervorhebung durch den Autor). Kreativität, so Florida, wird nicht nur gemäß

---

118 Vgl. Interview Luise und Van Bo.
119 Vgl. Interview Leonardo, Fiona und Boris.

einer individuellen Selbstverwirklichung[120] erkennbar, sondern ist mit einem Anstieg innerhalb der in den letzten drei Jahrzehnten wahrzunehmenden „[...] allgegenwärtigen ökonomischen Anforderung der Arbeits- und Berufswelt" verbunden (Reckwitz 2012: 9). Das „normative Modell der Kreativität" (ebd. 10) wird spätestens seit den 1980er Jahren mittels entsprechender Praktiken zunehmend institutionalisiert. Dem Kreativitätsbegriff und einer daran gekoppelten neuen Berufsgruppe, der sogenannten „creative class", soll auch in dieser Forschung und Analyse Aufmerksamkeit gewidmet werden. Auffällig bei der Datenerhebung ist die Tatsache, dass alle GesprächspartnerInnen einen kreativen Beruf ausüben oder Fächer studieren beziehungsweise studiert haben, die auf eine Zuordnung zur „creative class" schließen lassen:[121]

– VanBo ist Architekt und Gründer der *Tinyhouse University* in Berlin.
– Leonardo ist Architekt und Gründer seines *Tiny-House*-Projektes *aVOID*.
– Max ist selbstständiger Interieur-Designer und Gründer des Container-Projektes *#FL1*.
– Fiona studiert Ethnologie, Sinologie und VWL. Sie ist Gründerin des *Tiny-House*-Projektes *Mission Winzig*.
– Boris hat nachhaltige Energien im Bachelor studiert und daran anschließend den Master in nachhaltiger Städteplanung und Stadtentwicklung abgeschlossen. Er ist Gründer des *Tiny-House*-Projektes *Mission Winzig*.
– Luise ist freischaffende Künstlerin und selbstständige Managerin des *Museums der Liebesobjekte*. Zuvor hat sie im Bereich des Antiquitätenhandels gearbeitet.

Dem Paradigma Kreativität wird demnach nicht nur im aktuellen Gesellschaftsdiskurs eine enorme Bedeutung zugesprochen, sondern es scheint auch eine zentrale Rolle im Bereich des *Tiny House Movement* zu spielen. Ob die Zuordnung zur „creative class" auch in anderen Ländern, in denen sich das *Tiny House Movement* als Phänomen offenbart, entscheidend ist, kann hier nicht gänzlich geklärt werden und bedarf weiterer Untersuchungen. Bei der Erforschung im Rahmen dieser Arbeit handelt es sich ferner um einen kleinen Ausschnitt von VertreterInnen des Phänomens, weshalb in weiteren Forschungen noch umfassender geprüft werden müsste.

4.2.1.2 Bedürfniskonzept – intrinsische Motivation der AkteurInnen

Wie bereits in Kapitel 2.4.4 beschrieben, gehen Lebensstile und Phänomene häufig mit einem Bedürfniskonzept einher. Verhaltensstrategien und Werthierarchien gehen nach Bretthauser (2003) durch Statussymbole hervor. Bourdieu bezeichnet in diesem Zusammenhang Statussymbole als sogenannte „Distinktionsmerkmale", die Gegenstände

---

120 Hier ist die Subjektivierung innerhalb des Arbeitsprozesses gemeint, vgl. dazu den Begriff der „Selbstökonomisierung" (Kleemann 2005: 338).
121 Vgl. dazu Interviews Van Bo, Leonardo, Max, Fiona und Boris, Luise.

bezeichnen, die aufgrund ihrer gesellschaftlichen Bedeutungsaufladung zur Identität des Subjekts beitragen (ebd.: 145). Statussymbole tragen so auch in der heutigen Moderne zu einer Zuordnung und/oder Abgrenzung zu gesellschaftlichen Gruppen und Lebensstilen bei (vgl. Bretthauser 2003 145; Hahn 2005: 62). Wichtig ist hier, dass mit materiellen Dingen häufig das Bedürfnis nach Anerkennung und die Zuordnung des Individuums zu einer bestimmten Gruppe/Schicht verbunden ist. Mit Hilfe von Objekten versuchen Individuen ihre Zugehörigkeit zu einer bestimmten Gruppe hervorzuheben. Zudem ist dies häufig mit dem Ziel verbunden, Anerkennung innerhalb oder auch außerhalb dieser Gemeinschaften zu erlangen (vgl. ebd.: 153). Als Distinktionsmerkmal und Statusobjekt kann damit auch das *Tiny House* verstanden werden. Durch die Interviewgespräche konnten die Bedürfnisse der AkteurInnen besonders in drei verschiedenen Aspekten herausgestellt werden, die sich in daraus hervorgehenden, intrinsischen Motiven offenbaren.

Motiv 1: *Das Bedürfnis nach Subjektivierung – Selbst etwas schaffen, besitzen, sich entfalten*
Nach Reckwitz (2010) hat das Subjekt[122] eine doppelstrukturelle Bedeutung. Das Subjekt ist sowohl „Zentrum autonomen Handelns und Denkens" als auch „übergeordneten Strukturen unterlegen" (9). „In seiner Doppeldeutigkeit präsentiert sich das Subjekt als ein unterworfener Unterwerfer, ein unterwerfendes Unterworfenes" (ebd.: 9).
Bei der Untersuchung im Feld ist besonders der Wunsch nach Subjektivierung in Form einer Selbstformierung durch das Schaffen und den Besitz eines Eigenheims hervorgetreten. Der Bau eines *Tiny House* und die damit verbundenen Projekte der AkteurInnen gehen mit dem Bedürfnis einher, sich individuell zu entfalten und etwas Eigenes zu schaffen. Der Drang nach Subjektivierung geht dabei nicht nur mit der Verwirklichung eigener Bedürfnisse einher, sondern äußert sich auch in einer gleichzeitigen Einbettung in den entsprechenden Lebensstil, der sich so gezielt in Form des geschaffenen Distinktionsmerkmals *Tiny House* widerspiegelt.

Uns ging's eigentlich auch um das Eigentum an sich, dass wir halt sagen können ok, die Energie und das, was wir da jetzt an Herzblut reinstecken, das bleibt uns auch erhalten [...]. Alles was da reinfließt an Energie und auch an Geld [...] Wir wollten halt schon einen Wert schaffen,

---

122 „[...] das Subjekt ist hier nicht das Individuum, sondern die sozial-kulturelle Form der Subjekthaftigkeit, in die sich der Einzelne einschreibt. Damit dieser zu einer handlungsfähigen, vernünftigen, eigeninteressierten, oder sich selbst entfaltenden Instanz, mithin zum Subjekt im Sinne der liberalen Emanzipationsgeschichte wird, verinnerlicht er spezifische kulturelle Kriterien einer als handlungsfähig, vernünftig, eigeninteressiert, sich selbst entfaltend anerkannten Subjekthaftigkeit" (Reckwitz 2010: 10). Vgl. zum Begriff Subjekt auch Schulz (1979); Riedel (1989); Hagenbüchle (1998).

der uns halt auch erhalten bleibt! Wir haben uns dann überlegt wie wir mh uns quasi ein klei-
nes Eigenheim aufbauen können, das wir qualitativ so ausstatten können und wollen, wie wir
möchten und uns es trotzdem leisten zu können. [In den Containern] konnten wir einfach alles
kombinieren, was wir brauchen (Interview Max).

So, as I said before, my dream was always to have a house, a really small house in Bologna [...]
(Interview Leonardo).

Also dieses Projekt ist für mich ein Segen gewesen, ich habe quasi so mein Innerstes nach außen
gezeigt, dieses Haus geschaffen, das mir entspricht. Ich mach Veranstaltungen die aus mir kom-
men, die ich mir ausgedacht habe mit Menschen, die ich schätze, die tolle Ideen haben, deren
Seminare ich besuche. Und dann kommen die Leute, die natürlich voll auf mich passen, das ist
das wahnsinnig erfüllende (Interview Luise).

[...] nach dem Studium hatten wir so ne Phase, wo wir sehr viel vom Theoretisieren zum Machen
wollten. [...] Bei mir hat sich das halt einfach prägnant gezeigt, in dem ich eben einfach ein
Haus bauen möchte, also ein ökologisches Haus und dann hab ich halt nach Möglichkeiten
geschaut, wie das zu realisieren ist. [...] Wir möchten uns halt ausprobieren in Sachen die uns
halt taugen, die uns gefallen und die wir halt einfach machen möchten und äh das Tiny House
ist jetzt halt eine Form des Ausprobierens, die jetzt halt grade Realität wird [...]. Jetzt grade
liegt der Fokus auf persönlicher Entwicklung und Entfaltung [...] Ja ich glaub das ist halt
sone Kunst die halt jeder versucht irgendwie! Sich zu verwirklichen [...] und wir sind grade
dabei und versuchen uns eben ein Standbein aufzubauen mit dem Tiny House. Weil das halt
jetzt schon so ein eigenes Haus ist oder so ein eigener Lebensraum aber eben auch für wenig
Geld [...] aber gleichzeitig halt auch noch Zeit haben uns in andere Richtungen zu entwickeln.
Also ich glaub Selbstentfaltung und in verschiedene Richtungen sich zu entwickeln ist halt für
uns essentiell momentan (Interview Boris).

Bei der Betrachtung des individuellen Bedürfnisses nach Selbstverwirklichung und
Entfaltung ist anzumerken, dass sich das Subjekt als „Katalog kultureller Formen"
(Reckwitz 2010: 10) offenbart. Die AkteurInnen suchen nach einem autonomeren
Handlungsspielraum, in dem sie kreativ agieren und sich bezüglich ihrer Bedürfnisse entfalten können. Gleichzeitig ist anzumerken, dass dieses nicht unabhängig von
einer kulturellen Bedürfnisgenerierung geschieht. Reckwitz (2012) hat sich intensiv
mit dem Prozess der gesellschaftlichen Ästhetisierung auseinandergesetzt und spricht
beim Begriff Kreativität zunächst von einer doppelten Bedeutung: „Kreativität umfasst
in spätmodernen Zeiten dabei eine Doppelung von Kreativitätswunsch und Kreativitätsimperativ, von subjektivem Begehren und sozialer Erwartung: Man *will* kreativ
sein und *soll* es sein" (ebd. 10; Hervorhebung durch den Autor). Das Streben nach

Kreativität geht mit einem Streben nach Innovation einher, die nicht rein auf der Schaffung einer technischen Produktion, sondern vielmehr auf einer sinnlichen, affektiven Erregung basiert und sich nach dem Modell des Schöpferischen, also der modernen Figur des Künstlers, der Künstlerin und dem damit intendierten Bild der Schaffung von Ästhetik richtet (vgl. ebd.: 10).

Gerade der Aspekt der Ästhetik spielt so auch eine entscheidende Rolle beim Bau der *Tiny Houses* und wird in allen Interviewgesprächen als entscheidendes Kriterium bei der Umsetzung angeführt:

Weil das Tiny House, das wir bauen, das ist ästhetisch sehr schön, also das ist eins unserer höchsten Ziele gewesen, dass wir auch ein ästhetisch sehr schönes Tiny House bauen, fertig und auch attraktiv fürs Auge (Interview Boris).

Etwas Innovatives zu schaffen wird dabei sehr positiv konnotiert und mit Lebendigkeit und Experimentierfreude assoziiert (vgl. ebd.: 10 f.). Diese kulturelle Logik des spätmodernen Subjektes geht stark mit dem Streben nach Individualisierung einher, die sich in spezieller Form im Sinne einer kreativen Gestaltung von Subjektivität bemerkbar macht. Bei der Formung des Individuums handelt es sich nach Rorty (2004) um eine Kultur der „self-creation" (Reckwitz 2012: 12). Das Erbe des Künstlers bzw. der Künstlerin wird romantisiert. Vor diesem Hintergrund

„[...] geht es dem Selbst um eine quasikünstlerische, experimentelle Weiterentwicklung in allen Facetten, in persönlicher Beziehung, Freizeitformaten, Konsumstilen, körperlichen und psychischen Selbsttechniken. Die Orientierung an der Kreativität des Selbst ist dabei regelmäßig mit einem Streben nach Originalität, nach einer Unverwechselbarkeit des Ichs verbunden" (ebd.: 12).

In der modernen Gesellschaft wird eine permanente „ästhetische Selbsterneuerung" (ebd.: 13) angestrebt, aber auch erwartet. Reckwitz nach zu urteilen führt das ferner zu einer arrangierten Schaffung von „creative cities" (ebd.: 13) und resultiert somit im Streben nach alternativen Wohnformen, wie den *Tiny Houses* als individuelle Kreativräume:

„Das kreative Arbeiten, die innovative Organisation, das sich selbst entfaltende Individuum, die *creative cities* – sie alle nehmen teil an einem umfassenden kulturellen Ensemble, das die Produktion von Neuem auf Dauer stellt und das Faszinosum der Schöpfung und Wahrnehmung von neuartigen, originellen Objekten, Ereignissen und Identitäten nährt" (ebd.: 13; Hervorhebung durch den Autor).

Mit dem *Tiny House* als alternativer, kreativer Wohnform gehen zudem subjektive Entfaltungsprozesse im Sinne einer Familienplanung oder der Wunsch nach kreativer, beruflicher Progression einher. Das *Tiny House* stellt in diesem Zusammenhang auch ein geschäftliches Wohnkonzept dar, das mit dem subjektiven Anspruch der AkteurInnen nach beruflichen Vermarktungsstrategien einhergeht.

Max wohnt mit seiner Freundin und dem gemeinsamem Kind in den beiden von ihm ausgebauten Containern. Trotz des kleinen Wohnraumes versucht er eine kreative, ästhetisch ansprechende Version eines Mikro-Wohnraumes zu schaffen, um zukunftsbasiert auch mit einem Kind in einem *Tiny Home* wohnen zu können. Hier stellt er jedoch klar heraus, dass er in einem normalen *Tiny House* auf Rädern Bedenken hätte, langfristig mit einem Kind auf so kleinem Raum zu leben.[123]

Auch Fiona und Boris äußern Bedenken, auf lange Sicht mit einem Kind auf so kleinem Raum zu wohnen. Ihr Fokus liegt momentan ohnehin auf persönlicher Entfaltung, dennoch haben sie über den Aspekt der Familienplanung bereits nachgedacht und für sich beschlossen, dass sie sich langfristig nicht vorstellen können, mit einem Kind in einem *Tiny House* zu leben.[124]

Der Kreativitätswunsch und der gleichzeitige Kreativitätsimperativ machen sich auch in einem unternehmerischen Anspruch bemerkbar. Dabei soll das *Tiny House* als selbst kreiertes, innovatives Wohnkonzept vermarktet werden. Einzelne GesprächspartnerInnen äußerten hinsichtlich einer Entfaltung des eigenen Subjekts den Wunsch, das *Tiny House* zukünftig auch in Form eines geschäftlichen Konzepts zu nutzen bzw. zu vermarkten. Sowohl Max, Van Bo als auch Leonardo zielen langfristig darauf ab, ihre modularen *Tiny Houses* zu vertreiben. Trotz der angestrebten Geschäftsidee betonen sie alle auch den Stellenwert sozialer und ökologischer Aspekte. Das *Tiny House* soll nicht auf konventionellem Wege als Vermarktungsobjekt vertrieben werden, sondern der sozial-ökologische Mehrwert soll weiterhin im Vordergrund stehen:

Ich würde sagen wir wollen es schon voll nach außen vermarkten, aber nicht auf dem herkömmlichen viralen Weg [...], sondern wir wollen das halt irgendwie einfach solider machen. [...] Also individueller, weniger und dafür mehr Qualität. Persönlicher dann und nicht so einfach in die Masse gestreut und schauen, dass man irgendwoher Leute findet oder so. [...] Aber wir haben jetzt kein Marketingkonzept und auch keine Channels, die wir jetzt irgendwie bedienen oder so, ich kenn das alles aus der Agentur, aber ich muss sagen, das ist irgendwie so kommerziell find ich (Interview Max).

---

123 Vgl. Interview Max.

124 Vgl. Interview Fiona und Boris.

And then there is the other side, it's the most important for me that this house can become a product so this can – even if it is my life – always become my job. Maybe in the future I can build this kind of house for a company, but I think, yeah for me it´s more important to yeah to have a great impact (Interview Leonardo).

Bei Luise, Boris und Fiona steht nicht das Geschäftsmodell ihrer Projektideen im Vordergrund, vielmehr wollen sie mit dem *Tiny House* einen offenen Raum schaffen, den sie mit kulturellen Veranstaltungen innerhalb und außerhalb des Raumes bespielen können, um so langfristig einen kulturellen, gesellschaftlichen und kreativen Mehrwert in der Gesellschaft zu schaffen. Hier bedienen sie sich bei Veranstaltungsformaten wie Bauworkshops, *Do-it-Yourself-Blogs*, Workshops, Veranstaltungs- und Austellungsräumen und planen auf lange Sicht sogenannte *Pop-up-Tiny-House-Villages*, die für Gemeinschaftsprojekte wie *Urban Gardening* öffentlich zur Verfügung stehen.[125]

Motiv 2: Bedürfnis nach Mobilität und Flexibilität
Begriffe wie Mobilität und Flexibilität werden zunehmend mit der Generation Y[126], der auch als *Millennials* bezeichneten Generation, assoziiert. Die zunehmende Digitalisierung und Globalisierung, aber auch Terror, die Nuklearkatastrophe von Fukushima, die Finanzkrise und eine zunehmend unsichere Berufswelt führen so nach Hurrelmanns (2015) zu einer Generation, die gleichzeitig von Unsicherheit und Offenheit geprägt ist, was sich sowohl auf Arbeits- als auch auf Lebensweisen auswirkt.[127] Durch den ökonomischen Transformationsprozess der letzten Jahre sind zunehmende „Flexibilisierungs- und Entgrenzungstendenzen hinsichtlich Arbeit und Leben" (Schönberger 2004: 244) wahrnehmbar. Das intrinsische Bedürfnis nach Mobilität und Flexibilität scheint sich hier aufgrund der genannten Faktoren zunehmend generationsübergreifend auszuweiten. Teil des ökonomischen Transformationsprozesses ist auch eine Entwicklung hin zur Wissensgesellschaft, die individuelle Kompetenzprofile erwartet, welche sich an einem globalisierten, dynamisierten Markt orientieren, der steigende innovative Flexibilität und ökonomische Effizienz verlangt, welche mit einem Anstieg der Selbststrukturierung und Selbstökonomisierung verbunden ist.[128] Mit steigender Flexibilisierung gehen nicht nur gesellschaftliche Erwartungen einher, sondern auch gesellschaftliche Möglichkeiten, die neue Optionen und Möglichkeitsräume schaffen

---

125 Vgl. Interviews Luise, Boris und Fiona.

126 Diese schließt Personen ein, die zwischen 1981 und 2000 geboren sind.

127 Vgl. dpa-Newskanal /URL: https://www.sueddeutsche.de/news/leben/familie-flexibel-und-fit-digital-und-oeko---jugend-im-wandel-dpa.urn-newsml-dpa-com-20090101-150522-99-04696 [letzter Zugriff: 20.1.2019].

128 Vgl. dazu auch Sennett (1998) *Der flexible Mensch – Die Kultur des neuen Kapitalismus.*

(vgl. Gottschall/Voß 2005; Koschel 2014: 13). In diesem Zusammenhang sei auch der Begriff „digitale Bohéme" (Seifert 2009: 42 f.) zu nennen, der bei allen Unsicherheiten dennoch die Möglichkeit vorhält, flexible Beschäftigungsverhältnisse als positiv zu erkennen, kreative Ansprüche darin einzubetten und als Erlebnisparadigma zu rekurrieren (vgl. ebd.: 42 f.).

Geht man von den Profilen der InterviewpartnerInnen aus, kann angemerkt werden, dass es sich häufig um AkteurInnen der sog. Generation Y handelt oder solche, die sich innerhalb eines neuen Transformationsprozesses, der mit Unsicherheiten und Flexibilität verbunden ist, verorten.

Die Tatsache unsicherer Gesellschaftsstrukturen enthüllt sich so auch in den einzelnen Interviews. Die Gespräche offenbaren vor allem einen Wunsch nach Mobilität und Flexibilität. Dieser zeigt sich nicht nur in flexiblen Beschäftigungsverhältnissen in Form von „digital Bohéme" – die befragten AkteurInnen arbeiten in der Regel als Selbstständige und sind somit nicht gezwungenermaßen an einen Raum oder eine Stadt gebunden – sondern auch in der Tatsache, dass der Trend um *Tiny Houses* mit einem starken Bedürfnis nach Mobilität und Flexibilität im Bereich des Wohnens einhergeht. Dieses Bedürfnis wird anhand eines alternativen Lösungsansatzes, das *Tiny House* mobil und beweglich zu gestalten, offensichtlich. Gerade durch die Schaffung flexibler Alternativen in allen Lebensbereichen wird das konträre Zusammenspiel von Unsicherheit und Offenheit deutlich. Das *Tiny House* scheint hier beide Kategorien miteinanader zu vereinen. Zum einen stellt es eine kostengünstigere Wohnalternative dar, die vor allem mit einem geringeren finanziellen Risiko verbunden ist. Hierdurch werden Unsicherheiten – zum Beispiel prekäre Arbeitsverhältnisse und dadurch generierte unsichere monetäre Mittel – deutlich. Zum anderen geht damit das starke Bedürfnis nach Mobilität und Flexibilität einher, was den Wunsch nach Offenheit symbolisiert.

[...] wir können uns eigentlich eine Wohnung hier in München nicht leisten und/oder möchten die uns nicht leisten zu so nem Großteil unseres Gehalts dafür auszugeben [...] und auf die Container an sich sind wir dann eigentlich gekommen, weil wir gesagt haben wir möchten auch noch flexibel bleiben und finanziell war das Containerprojekt eigentlich so das Ding da draußen (Interview Max).

[...] dann hab ich halt gemerkt, dass man mit dem Tiny House halt ganz viele Sachen kommunizieren kann, die mh ja die sehr relevant sind heutzutage. Ich mein das ist jetzt nicht nur, da geht es jetzt nicht einfach nur um eine Umgehung wie man ein Haus irgendwie bauen kann, weil es auf nem Anhänger steht, sondern es ist halt nachhaltig, es ist ökologisch, es ist mobil dadurch, es ist flexibel und mit sonem Haus haben wir halt dann mehr und mehr so Sachen verbunden die uns halt auch irgendwie wichtig sind und für die glaub ich auch grade so ein

Zeitgeist herrscht. [...] Aber auf lange Sicht, ich mein was ist schon auf lange Sicht (Interview Boris).

Ich glaub hier die Generation die jetzt kommt, wir sind halt auf der Suche nach flexibleren Lösungen. Ich mein das Tiny House was wir jetzt bauen, das kostet 15.000 €, ich mein das ist jetzt noch in unserem Budget. Wäre es jetzt 100.000 € teurer, dann hätten wir das nie angefangen! Das würde dann heißen einen Kredit abzuarbeiten die nächsten zehn Jahre und sich an irgendeinen Ort zu binden und an einen Job das ist halt nicht das, was unserem Lebensstil entspricht. Das ist halt ganz und gar nicht die Richtung in die wir uns entwickeln wollen. Ok wir möchten uns entwickeln und da ist Flexibilität halt eins der wesentlichen Bestandteile! [...] Wenn wir da jetzt so ne finanzielle Belastung hätten, die wir halt irgendwie abzahlen müssten, das wäre dann natürlich sehr hindernd. [...] Man hat halt viel mehr Freiheiten aber eben halt auch mehr Unsicherheiten. Aber die Unsicherheiten nehmen wir halt relativ gerne in Kauf für das, was uns das andere gibt. Also das es halt irgendwie ist, dass wir umziehen oder sich die Lebenssituation verändert, ist es schon wichtig, dass es mobil ist (Interview Fiona).

[...] the project started as my desire to travel [...] So, if you apply a minimalistic lifestyle, then you can move easier (Interview Leonardo).

Auch bezüglich der Frage, ob sich die AkteurInnen auf lange Zeit vorstellen können in einem *Tiny House* zu wohnen, ist der Gedanke nach Flexibilität klar zu erkennen. Luise bezeichnet so das Wohnen in ihrem *Tiny House* als „Phase" und auch die anderen GesprächspartnerInnen verdeutlichen, dass sie sich das Wohnen auf kleinem Raum zunächst für ein paar Jahre vorstellen können, es jedoch keine langfristige Alternative für sie darstellt.[129]

***Motiv 3:** Das Bedürfnis nach Austausch und Vergemeinschaftung*
Rosa et al. (2010) geht davon aus, dass der Grund für einen zunehmenden politischen, öffentlichen und wissenschaftlichen Diskurs um Gemeinschaft[130] eng mit der Tatsache zusammenhängt, „dass durch die damaligen sozialen Veränderungen auch in den westlichen Industrieländern wieder eine deutliche Unsicherheit spürbar ist, die sich mit dem Gefühl der Erosion traditioneller Bindungen und Werte verknüpft" (58). Eine wesentliche Rolle für die Suche nach einer gemeinschaftlichen Zuordnung, so Rosa, zeigt sich auch in „Debatten um Globalisierung, sowie der Diskussion um

---

129 Vgl. dazu die Interviews mit Fiona und Boris, Luise, Max und Leonardo.

130 „Gemeinschaft gilt dem Alltagsbewusstsein als bejahenswerte Instanz, der Begriff ist aufgeladen mit emotionalen Metaphern, die Wärme, Geborgenheit, Liebe, Freundschaft und Vertrautheit symbolisieren" (Rosa et al. 2010: 9).

ökologische Nachhaltigkeit und Grenzen des ökonomischen Wachstums" (59). Auch Prisching (2008) spricht von Unsicherheiten, Widersprüchlichkeiten, Flüchtigkeiten und Ambivalenzen, mit denen sich AkteurInnen der modernen Gesellschaft konfrontiert sehen (35). Er erwähnt in diesem Zusammenhang die „temporäre Vergemeinschaftung" (ebd.: 36), mit der man sich zeitweise einer Gemeinschaft zuordnen kann, jedoch keine Verbindlichkeiten gegenüber der jeweiligen Gruppe eingeht. Hier wird das Paradox des Bedürfnisses nach Individualität und dem gleichzeitigen Wunsch nach Vergemeinschaftung und Zuordnung zu einer sozialen Gruppe deutlich.

Aus den Interviews geht hervor, dass die befragten AkteurInnen ein sehr starkes Bedürfnis nach einem Miteinander oder einer Gemeinschaft hegen und daher gezielt nach Gleichgesinnten suchen, die ähnliche Lebensweisen und politische Einstellungen vertreten. Ein interessanter Aspekt ist dabei, dass die VertreterInnen des Phänomens danach streben, ihre Individualität zu fördern und sich dabei trotzdem einer Gruppe zugehörig fühlen möchten. Die GesprächspartnerInnen erwähnen mehrmals sogenannte *Tiny House Villages* oder *Pop-up*-Dörfer als erstrebenswerte Form des Zusammenlebens mit Gleichgesinnten. Durch das *Tiny House* als individuell gelöster Raum besteht trotz des Bedüfnisses nach Gemeinschaft gleichzeitig die Möglichkeit, sich dieser nach dem Prinzip einer „temporären Vergemeinschaftung" (ebd.: 36) zu entziehen, womit die Chance besteht, beide Bedürfnisse miteinander zu verknüpfen. Für Luise ist Gemeinschaft ein wesentlicher Aspekt des *Tiny House Movement*. Mit ihrem *Tiny House* verbindet sie:

Die Vision nach mehr Gemeinschaft, für sich sein und gemeinschaftlich Leben, aber trotzdem hat eben jeder einen eigenen Rückzugsort da steh ich total dahinter. [...] Und das tolle war, dass jetzt ebenso viele Leute gekommen sind jetzt im Sommer, besondere Leute, aufgeschlossene Leute, die richtigen Leute für mich! Also dieses Projekt ist für mich ein Segen gewesen, ich habe quasi so mein Innerstes nach außen gezeigt, dieses Haus geschaffen, das mir entspricht. Ich mach Veranstaltungen die aus mir kommen, die ich mir ausgedacht habe mit Menschen die ich schätze, die tolle Ideen haben, deren Seminare ich besuche. Und dann kommen die Leute, die natürlich voll auf mich passen, dass ist das wahnsinnig erfüllende und da ist dann auch dieser Punkt der Gemeinschaft einfach erfüllt. [...] Das wirklich erfüllende ist dann die Gemeinschaft in der man dann lebt, mit Leuten die mich verstehen, die auch so sind und wenn man sich dann so seelisch aneinander kuscheln kann, dass ist schon wirklich schön, jetzt in der Zeit wo viel Negatives ist! (Interview Luise).

Auch Boris und Fiona suchen ganz gezielt nach MitstreiterInnen, die ähnliche Zukunftsvorstellungen haben, wie zum Beispiel ein *Pop-up*-Dorf im urbanen Raum München zu gestalten. Hier geht es laut Boris darum, sich gegenseitig zu inspirieren und sich auszutauschen. Wichtig ist den Beiden dabei vor allem der gemeinsame politische und gesellschaftliche Charakter.

Wir hingegen versuchen halt Raum zu schaffen für Menschen, die sich prinzipiell gesellschaftlich engagieren möchten. [...] das ist halt das, was wir halt unbedingt anziehen möchten, Leute die halt politisch engagiert und gesellschaftlich engagiert sein möchten (Interview Boris).

Voll! Also uns war es super super wichtig von Anfang an, dass wir uns austauschen und wir tauschen uns auch eigentlich die ganze Zeit aus. Wir sind ständig also hauptsächlich mit Leuten im Gespräch die eben auch ein Tiny House bauen, von denen wir uns viele Tipps holen (Interview Fiona).

Überdies sieht Van Bo in seinen Projekten an der *Tinyhouse University* Gemeinschaft als eines der obersten Ziele. Durch die *Tiny Houses* will er „Orte der sozialen Begegnung" schaffen. Ihm ist wichtig:

[...] Dass die Menschen mehr miteinander in Kontakt treten, sich gegenseitig einfach helfen! (Interview VanBo).

Vor allem die Suche nach Gleichgesinnten scheint als intrinsisches Bedürfnis entscheidend. So äußert auch Max die Bedeutsamkeit von Vergemeinschaftung in Form gemeinschaftlicher politischer und ökologischer Ansätze:

Und bei uns ist es jetzt so, dass wir eigentlich mit dem was wir machen, jemanden ansprechen, der sich vielleicht auch was traut, der einfach sagt so: Ich leb jetzt in den Containern, ich stell die überall hin, weil ich mit denen nichts kaputt mache. [...] und die haben ähnliche Ansätze wie wir. Jetzt nicht auf Container bezogen aber vom nachhaltigen her und mh da ergeben sich schon, da ergibt sich irgendwie schon so ein neues Netzwerk mit Leuten die gleichgesinnt sind und die aber deswegen also ich sag jetzt mal nicht so „Vollökos" sind, sondern da irgendwie so nen neuen Ansatz haben (Interview Max).

4.2.2 Kategorie II: Das *Tiny House Movement* als Form eines politischen Aktivismus – politische Parameter der Bewegung

Der politische Aktivismus der AkteurInnen zeigt sich vor allem in einem Gegentrend, der sich in drei hervortretenden, intrinsischen Beweggründen zeigt. Zudem ist die Auseinandersetzung der VertreterInnen des Phänomens mit dem Ziel der Überwindung von bürokratischen Prozessen wegweisend. Durch die rechtliche Grauzone, in der sich das *Tiny House Movement* bewegt, wird eine damit verbundene Risikobereitschaft der AkteurInnen offenbart, die einen politischen Parameter darstellt. Im Rahmen der Interviews hat sich das *Tiny House Movement* vor allem als urbanes Phänomen und urbaner Lösungsansatz für die zunehmende Wohnproblematik präsentiert, was sich so vor allem in der politischen Motivation der InterviewpartnerInnen zeigt, deren Lösungsansatz mitunter die Raumzwischennutzung ist.

4.2.2.1 Das Tiny House als rechtliche Grauzone: Bürokratische Hindernisse überwinden
Wie in Kapitel 2.1 bereits angeführt, unterliegt der Bau eines *Tiny House* rechtlichen Voraussetzungen, die durch die *Fahrzeug-Zulassungsverordnung (FZV)* geregelt sind. Tatsache ist in diesem Zusammenhang, dass es sich bei der Umsetzung eines *Tiny House* um keine legale Praktik handelt, sondern um eine rechtliche Grauzone, die die AkteurInnen vor bürokratische Hürden stellt. Trotz der Hindernisse, gerade im Bereich einer Baugenehmigung[131], sehen die AkteurInnen aber eher einen positiven Aspekt im Bauvorhaben eines *Tiny House*, da es durch die rechtliche Grauzone auch erst möglich ist, bürokratische Baubestimmungen und Baugenehmigungen zu umgehen:

[...] es ist halt super praktisch, weil man hat keine Baubestimmungen also man muss keine Baugenehmigung machen. Man hat halt viel mehr Freiheiten aber eben halt auch mehr Unsicherheiten (Interview Fiona).

Den AkteurInnen ist die rechtliche Grauzone, in die sie sich beim Bau eines *Tiny House* begeben, grundsätzlich bewusst. Die Hoffnung, dass es sich bei der alternativen Wohnart irgendwann um eine rechtlich genehmigte Wohnform handeln wird, schließen sie aus und hoffen daher langfristig auf Ausnahmeregelungen, die auf einer gesellschaftlichen wie politischen Legitimierung basieren:

Ja es gibt nur bürokratische Grenzen, so ein Tiny House ist verboten (lacht laut). Also alles was man in sonem Tiny House machen kann ist rein rechtlich nicht ganz sauber und erlaubt und verboten. In Deutschland ist es ja grundsätzlich schon verboten, du darfst ja in Deutschland nicht wohnen, es gibt eine einzige Ausnahme, wo das wohnen rechtlich erlaubt ist und die heißt Wohnung. [...] Das wird niemals als Wohnraum anerkannt werden. Weil wie du weißt würde das niemals funktionieren mit der Rechtslage. Aber vielleicht nennt man das auch gar nicht Wohnung, sondern einfach Lebensraum, weil soweit ich weiß ist das Leben noch nicht verboten (lacht)! (Interview VanBo).

Also (Pause) ich glaub das ist halt so ne Sache wo wir erstens auf unser Engagement vertrauen und auf die Welle, die jetzt grade entsteht, also diese Tiny House Welle. Weil es besteht das

---

131 Max verweist hier im Interview auf den § 34 zur bürokratischen Auflage der Baugenehmigung. Vgl. BauGB, URL: https://www.gesetze-im-internet.de/bbaug/__34.html [letzter Zugriff: 20. 1. 2019].

Bedürfnis in solchen Wohnformen zu leben [...] darauf wo wir hinarbeiten ist eine Ausnahme-genehmigung für solche Wohnformen so: Hey jo eigentlich darf man das nicht aber so ok es ist ökologisch erstens, zweitens ist es energieautark, drittens es ist mehr oder weniger wasserautark und viertens die Leute die da drin leben engagieren sich halt irgendwie dafür (Interview Boris).

Was hier besonders als politischer Parameter wahrzunehmen ist, ist die Tatsache, dass die GesprächspartnerInnen sich trotz der unsicheren Lage und bürokratisch, rechtlicher Grenzen dazu entschließen, sich dem *Tiny House Movement* zuzuwenden und die Wohnform zu leben und zu propagieren. Hier wird der politische Gedanke im Widerstand gegen die Rechtslage deutlich und lässt damit auf den Charakter einer sozialen Bewegung schließen (vgl. Kapitel 2.3). Eine Verbindung zwischen den unterschiedlichen AkteurInnen lässt sich hier vor allem in Charaktereigenschaften wie der Risikobereitschaft und Spontanität erkennen, die somit als Merkmal der Bewegung gedeutet werden können. Auffällig ist zudem der Gedanke einer 'missionarischen Haltung', der sich die AkteurInnen selbst verschreiben. Diese zeigt sich nicht nur in ihren willensstarken Aussagen, sondern macht sich auch in der konsequenten Umsetzung der *Tiny-House*-Projekte bemerkbar.

[...] es ist jetzt eigentlich nicht legal was wir da machen [...] die Container stehen dort ohne Baugenehmigung. Also im Endeffekt ist es eigentlich ein Schwarzbau, muss man schon sagen. Ja, also da haben wir einfach mal drauf los gearbeitet also definitiv! (Interview Max).

Es ist alles verboten aber die Leute machen's ja trotzdem! Und wir machen das auch! Wir gehen mit unseren Tiny Häusern in den öffentlichen Raum und hören Musik, Kochen, schlafen da, arbeiten da. Ist alles nicht erlaubt aber wir machen's trotzdem, weil es richtig ist! (Interview Van Bo).

Yeah, the bureaucratic it's something that I really didn't think too much. If you think about the bureaucratic you would never start. That's the thing (lacht). At the beginning, I was like this and then Van Bo told me please stop to think about how you remove the house this will happen if you do something as a meaning than you will find a way to make it (Interview Leonardo).

Bürokratischen Aufwand hatte ich überhaupt keinen [...] Also ich mach nicht wie viele da sich tausendmal erkunden, was darf ich und Gelände oder Grundstück mit ner genehmigten Bauplanung, oh Gott meine Güte! [...] Da soll erstmal einer kommen und mich da anzeigen und des wäre mir jetzt alles irgendwie wurscht. Wenn man des immer von hinten aufzieht, was darf ich und Ding, da kommt man ja zu nichts! Das ist meine Denke (Interview Luise).

[...] also man muss einfach Tatsachen schaffen [...] Also wir werden bestimmt nochmal krass auf die Nase fallen, wenn wir dann wirklich nen Stellplatz suchen oder es vielleicht auch gar nicht klappt mit dem Ganzen wie wir uns das so vorstellen, weil sie Stadt sich vielleicht total quer stellt, das kann auch sein. Aber schlussendlich sind wir da jetzt mal so, dass sich eigentlich immer noch eine Lösung ergeben wird. [...] Aber das Ding ist, dass sich halt alle immer Sorgen drum machen ob man das darf und ob das geht aber man muss es halt erstmal ja machen! [...] ja das ist ja gar nicht legal was man dann da macht, aber ja das muss man halt dann erstmal etablieren, ich meine von nichts kommt halt auch nichts! (Interview Fiona).

4.2.2.2 Das Tiny House als urbanes Phänomen und Ansatz/Lösungsstrategie einer steigenden Wohnproblematik

Bei der Analyse der generierten Daten offenbarte sich das *Tiny House* Phänomen vorrangig als urbanes Phänomen.[132] Fünf der befragten TeilnehmerInnen setzten sich mit der alternativen Wohnform im Sinne einer städtischen Wohnalternative auseinander. Vorrangig nennen sie hier die aktuelle Wohnproblematik als politische Motivation, selbst aktiv zu werden und alternative Wege in Form von mobilen *Tiny Houses* zu etablieren.

Als Gründer der *Tinyhouse University* und Vorreiter der Raumzwischennutzungsprojekte mit *Tiny Houses* im urbanen Raum, stellt der Architekt Van Bo ganz klar heraus, dass es ihm nicht um die *Tiny Houses* und das minimalistische Wohnen per se geht, sondern, dass für ihn die Zwischennutzung von schon vorhandenem Raum in der Stadt im Vordergrund steht. Für ihn stellen Tiny Häuser eine „kulturelle Methode"[133] dar, bestimmte gesellschaftliche Fragen und Probleme zu sortieren.

Also die Tiny Häuser die wir machen, sind nur für die Stadt gedacht! [...] Also theoretisch muss man gar nicht bauen, ich bin eigentlich dafür, dass wir einfach nur die Sachen nutzen ... [...] Ja mit den Tiny Häusern versuch ich eigentlich Parkplätze – die sind ja schon da – die zu nutzen. [...] Die Tiny Häuser sind für mich nur ein Werkzeug das zu machen. [...] Also für mich macht das keinen Sinn, dass Leute in Tiny Häuser ziehen. Tiny Häuser sind für mich keine Alternative zum Wohnungsbau. Tiny Häuser sind für mich nur eine Alternative zum parkenden Auto. [...] Naja wir reden ja immer davon, dass Leute keinen Wohnraum haben. Also wenn ich jetzt ein Tiny House habe, in dem man schlafen und kochen kann und aufs Klo gehen kann und ich brauch das grade nicht, dann kann ich das doch Leuten geben, die das grade brauche

---

132 Vgl. zum Begriff Urbanität die sozialökologische Ausführung aus L. Wirths Aufsatz *Urbanism as a way of life* (1938). Hier wird Urbanität als Lebensform deklariert, die mit Normen einer Großstadt wie: „Größe, Dichte und sozialer Heterogenität" (8 ff.) einhergehen. Vgl. dazu auch Litscher (2005); Hengartner (2002).

133 Vgl. Interview Van Bo.

zum Beispiel Obdachlose, Geflüchtete, alleinerziehende Mütter, einfach Leute die grade dringend einen Wohnraum brauchen in Kreuzberg, denen könnt ich's ja dann geben. [...] Ich würde die Stadt überzeugen, dass die vielleicht mal als Pilotprojekt ihre Parkplätzflächen teilen und vielleicht die Hälfte für Tiny House Villages, temporäre Tiny-House-Dörfer freimacht (Interview Van Bo).

Auch Luise und Leonardo, die selbst Teil der *Tinyhouse University* waren, sehen in der Raumzwischennutzung durch temporäre *Tiny Häuser/Tiny House Villages* eine geignete Alternative zum konventionellen, urbanen Wohnen.

[...] ich steh natürlich hinter der ganzen Tiny House University Bewegung: Wohnen statt parken! Es ist offensichtlich das in Großstädten sowas super wäre ja ... wohnen statt parken das sagt schon alles (Interview Luise).

[...] for those places a solution could be Tiny Houses because when the place is needed again, they can move to another place (Interview Leonardo).

Boris und Fiona wollen mit ihrer *Mission Winzig* ebenfalls alternative Wohnformen und Pop-up-Dörfer etablieren. Ihr politisches Ziel ist es, der Wohnungsnot und ungenutzten Räumen in der Stadt entgegenzuwirken und neue Alternativen wie *Tiny Houses* langfristig in einer urbanen Stadt wie München zu realisieren:

Also unsere Vision ist halt generell, also die erste Vision [...] geht schon auch irgendwie um Wohnungsnot [...] und das zweite was dann auch so entstanden ist mit dem Projekt, dass wir auf Münchens Brachflächen Tiny-House-Dörfer aufstellen wollen also ich finde so der Begriff Pop-up-Dörfer passt ganz gut. Auf dem man dann Lebens- und Kulturräume schafft. [...] Also natürlich stellen wir uns das dann auch mitten in der Stadt vor und natürlich dann auch auf Brachflächen und natürlich kann man dann da nicht ewig stehen bleiben. Brachflächen sind ja nur zur Zwischennutzung geeignet (Interview Fiona).

Anzumerken ist hier jedoch, dass es sich bei dem *Tiny House Movement* nicht ausschließlich um ein urbanes Phänomen handelt, sondern dieses auch vermehrt im ländlichen Raum zu beobachten ist.[134] Auch nach Aussagen der befragten AkteurInnen selbst muss sich das Phänomen zwar nicht gezwungenermaßen im städtischen Raum präsentieren, es wird jedoch davon ausgegangen, dass es sich bei nicht auf städtisch ausgerichteten AnhängerInnen und Projekten um rein persönliche Motive handelt und

---

134 Vgl. hierzu (Kapitel 2.1) hier wird dargestellt, dass sich *Tiny-House-Villages* auch vermehrt in ländlicheren Gegenden etablieren.

dies nicht zwingend mit einer gesellschaftlich, politischen Motivation einhergeht.[135] Daneben wurde auch im Interview mit Max deutlich, dass er sich *Tiny Houses* und *Tiny House Villages* durchaus auch in ländlicheren Bereichen oder gar mitten in der Natur vorstellen kann. Er selbst lebt aktuell im ländlichen Raum mit seinem *Tiny Home* an der Algarve in Portugal.[136] Auch bei der teilnehmenden Beobachtung im Feld, vor allem bei dem Vortrag von Luise in Kaufbeuren zum Thema Minimalismus und dem Lebensstil in ihrem *Tiny House*, konnte durchaus festgestellt werden, dass sich das Interesse an dem Phänomen nicht nur im urbanen Raum bemerkbar macht, sondern sich uneingeschränkt auch in ländlicheren Gebieten eines wachsenden Interesses erfreut. An dem Vortrag nahmen zahlreiche Menschen teil, die von der Idee, sich ein *Tiny House* auf dem Land zu gestalten, begeistert waren. Bei der zweiten Teilnehmenden Beobachtung während des Workshops von Fiona und Boris im städtischen Raum München wurde der urbane Charakter erneut deutlich. Hier gaben die anwesenden AkteurInnen als Hauptmotivation für das Interesse an einem *Tiny House* steigende Mietpreise sowie den Wunsch nach einem im urbanen Raum sonst kostspieligen Eigenheim an. Für sie ergibt sich mit der alternativen Wohnform in einem *Tiny House* offensichtlich eine kostengünstige Wohnalternative, was erneut die zunehmende Wohnproblematik im urbanen Raum verdeutlicht (vgl. Kapitel 2.4.2).

Als weitere wesentliche Gründe für die Entscheidung dafür, sich mit dem urbanen Raum zu befassen, nennen die AkteurInnen die Offenheit und Reichweite in der Stadt als ausschlaggebend, die es ihnen erst ermöglichen, ihre Projekte zu realisieren. Die AkteurInnen sind sich darüber bewusst, dass sie die Infastruktur der Stadt nutzen und versuchen, durch den ihnen zur Verfügung gestellten öffentlichen Raum etwas an die Gesellschaft zurückzugeben, um so einen systemischen Ausgleich zu schaffen:[137]

Wenn man was vom öffentlichen Raum nimmt, [...] dann muss man auch was geben, bin ich der Meinung [...] am besten auch Raum [...] zum Beispiel einen kleinen Kiosk oder eine Bücherei oder irgendwas. Das sind halt die Dinge die wir machen mit den Tiny-Häusern, also wir hatten einen Kiosk, einen Coworking-Space oder irgendein öffentliches Angebot, wir geben was zurück an die Gesellschaft (Interview Van Bo).

Obwohl die befragten VertreterInnen des Phänomens von dem *Tiny House Movement* überzeugt sind und darin alternative Wohn-, Lebens-, und Zwischennutzungsformen erkennen, nehmen sie indessen auch die Nachteile solcher minimalistischen Wohnformen wahr und artikulieren in dem Zusammenhang auch eine kritische Position.

---

135 Vgl. dazu Interview Van Bo und Leonardo.
136 Vgl. dazu Interview Max.
137 Vgl. dazu auch das Interview mit Fiona, Boris und Leonardo.

Phasenweise ist das glaub ich eine sehr gute Lösung, aber es ist jetzt zum Beispiel nicht die eine (sehr betont) Lösung für die Stadt! Auf keinen Fall. Es ist auch nicht die eine Lösung für das Land! Es ist ein Vorschlag und ich glaub es ist vielleicht ein ganz guter Vorschlag, dem man auch irgendwie Platz einräumen kann und phasenweise sowas halt dann auch bewohnen kann. [...] Also langfristig für die Stadt, das sehen wir ähnlich, also man müsste einfach für die Stadt neue Konzepte entwickeln. Aber auch da muss systematologisch was entstehen, weil wir können nicht einfach mit Stahl und Beton weiterbauen [..] (Interview Boris).

I don't believe in Tiny Houses as a permanent location for a place because it doesn't make sense, in a city it makes more sense to have a better-defined solution. [...] I think äh Tiny Houses could be a very good instrument to communicate that we need a change. But maybe it's not really the thing that makes change in the society. So, Tiny Houses have a lot of critical aspects, they use a lot of land ... if we all had Tiny Houses, then we will occupy very big places. Or Tiny Houses are very expensive know because they are not standardised. Or the transport is also really critical because we need to have a big car for the transportation. So, there are certain things that make me think that this could very not be the solution, but it is very good to show that we could completely rethink the way of living and then to open the discussion. So, I call it to open a Platform for discussion. And maybe a solution could be, to use the limitation of space – like in a Tiny House – for traditional apartments, where all the space you have for your private you give it to the public so like small apartments that comes together like a village [...]. I think Tiny Houses they are not really the solution for the society, it could be a possibility that should be opened by the city's, but I will not imagine that like cities should look only at Tiny Houses as the solution in this world (Interview Leonardo).

4.2.2.3 Das Tiny House Movement als politischer Gegentrend

Ganz im Sinne der *Degrowth*-Bewegung (vgl. Kapitel 2.4.1) äußert sich das Phänomen des *Tiny House Movement* als postmoderner politischer Gegentrend. Wie bereits beschrieben, sprechen die AkteurInnen den Wunsch nach Vergemeinschaftung aus. Die politischen Verwendungsweisen von Gemeinschaft sind laut Rosa et al. (2010) in vielfältiger Hinsicht vorzufinden, „[...] weil sich die Anrufung von Gemeinschaften als realpolitisches Konzept ebenso eignet wie als utopischer oder dystopischer Komplementär- oder auch Gegenentwurf zur bürgerlich modernen Gesellschaft" (12 f.). Durch die Zuordnung zu einer Gemeinschaft oder auch einem sozialen *Movement* fühlen sich die AkteurInnen befähigt, politische Einstellungen nach außen zu tragen. Dabei sind klare politische Ziele zu erkennen, die sich nicht nur als Gegenbewegung und Kritik an der aktuellen Konsum- und Wachstumsgesellschaft äußern, sondern auch mit dem Ziel der Generierung einer medialen Öffentlichkeit einhergehen. Der Wunsch nach Öffentlichkeit überschneidet sich also mit dem Ziel, andere AkteurInnen für die Thematik zu sensibilisieren und dazu zu befähigen, selbst aktiv zu werden (vgl. dazu die Protestform der Kommunikationsguerilla/Kapitel 2.3). Auch hier wird der „missionarische Charakter" im Sinne einer politischen Bewegung deutlich und die GesprächspartnerInnen nennen ein klares politisches Ziel. Es geht darum, eine langfristige Änderung im System herbeizuführen:

Yeah! I think every architect wants to in a way change the society and change the city so of course you have to address to politicians, public. If you make it for yourself than it's more like a design project. In my case I think it's more like a political project. So how to change the idea of living, to change the limits that we have, open the borders with different projects that make city's more accessible and so on. [...] My vision would be to demonstrate to the politicians and people, that we can rethink the idea of living. That the people should be freer in this process, they should decide ... and I think this would be enough. [...] But you have to accept this if your aim is also to yes change the society ... I could never do this with a completely isolated solution. [...] But as I said that's the price you have to pay if you want to change the society. I think! (Interview Leonardo).

Also mir ist wichtig, dass die Gesellschaft besser wird. [...] Ja genau, und die Diskussion lostreten, ob wir falsch wohnen! Also vielleicht sollten wir aufhören zu wohnen und anfangen zu leben! (Interview Van Bo).

Fiona und Boris nennen als oberstes Ziel, ihre Mission nach außen zu tragen und dabei andere Menschen zu einem nachhaltigeren, politisch motivierten Leben und zu einer neuen Wohnform zu ermutigen: Boris bezeichnet das *Tiny House* in diesem Zusammenhang als „Kommunikationsform" um langfristige Ziele zu erreichen.

Also unser Projekt an sich ist ein ökologisches und ein selber zum nachbauendes Haus zu bauen und das aber eben auch öffentlich zu machen. [...] Also wir wollen jetzt nicht zurückziehen und das einfach für uns machen, sondern die erste Interpretation die wir damit hatten ist, dass wir das Wissen verbreiten wollen [...] Aber noch wichtiger ist es uns halt ja so ein Seminar zu veranstalten für Leute [...] die Seminare sind da halt für uns voll die gute Gelegenheit das halt im größeren Stil zu machen. Das was auch von Anfang an das Ziel. Deswegen halt auch Mission Winzig, weil wir halt ne kleine Mission haben und es nicht nur selber bauen (Interview Fiona).

Genau, total! Also das ist mit einer der wesentlichen Punkte, die wir halt versuchen zu kommunizieren. Das es halt um ökologisches Bauen geht, das erstens und zweitens das es eben nicht besonders teuer ist oder sag ich mal erschwinglicher (betont das Wort) und drittens es halt einfach langfristig die richtige Lösung ist für Mensch und Umwelt, weil so wie wir jetzt momentan bauen, diese ganze Bauindustrie, Baubranche, das ist ja absolut abstrus, wie gebaut wird, also welche Energien und Ressourcen dafür verwendet und verschwendet werden [...] (Interview Boris).

Auch Max, der über Jahre hinweg in „wirtschaftlich orientierten" Unternehmen tätig war und auch aktuell als freier Mitarbeiter für solche Unternehmen tätig ist, äußert starke Kritik an der aktuellen Konsumgesellschaft. Mit seinem Container-Projekt arbeitet er ebenfalls an einer Alternative, um langfristig nachhaltigere und minimalistischere Wohn- und Lebensformen zu etablieren.

[...] das sind auf jeden Fall Punkte, wo ich dann gesagt hab, woah ich mag nicht mehr, mag ich nicht mehr mitmachen! [...] Das ist glaub ich echt ein langfristiges Ziel, da raus zu kommen! Oder das was man macht halt dann nachhaltiger und minimalistischer dann auch zu gestalten (Interview Max).

Ausnahmslos alle GesprächspartnerInnen machen via Social-Media-Kanäle – vor allem über Instagram, Facebook und Pinterest – auf ihre Projekte aufmerksam.[138] Der Bedeutung der Kommunikation innerhalb der Bewegung wird dabei eine enorme Wichtigkeit beigemessen, was auf die Kommunikationsmethoden der Kommunikationsguerilla im Sinne einer sozialen Bewegung schließen lässt (vgl. Kapitel 2.3). Zudem macht sich der politische Charakter der Bewegung darin bemerkbar, dass das Ziel verfolgt wird, soziale Ungleichheiten in der Gesellschaft auszugleichen. Wie bereits im Kapitel 4.2.1 aufgezeigt, sind sich die VertreterInnen des Phänomens durchaus ihrer privilegierten Lage in der Gesellschaft bewusst, was sie dazu veranlasst, sich anderen unterprivilegierteren Gesellschaftsgruppen verpflichtet zu fühlen und sie dazu befähigen zu wollen, selbst in gewisser Weise handlungsfähig zu werden. Der politische Charakter des/der „Missionars"/„Missionarin" wird hier abermals deutlich.

Ja sagen wir's mal so, also wenn die Menschen Räume haben, in denen sie sich begegnen können, ohne groß Investitionen leisten zu müssen, dann ist es auf jeden Fall ein Vorteil [...] Also diese Sachen sind immer verbunden mit Kapital und mit Kontakten [...] äh da muss man natürlich die soziale Frage stellen: Was ist mit den Leuten, die keine 1000 € haben im Monat, die werden dann ausgeschlossen ne? [...] Also du brauchst entweder den richtigen Pass, die richtige Hautfarbe oder ... also du kommst auf jeden Fall nicht überall rein und das bekräftigt mich.

---

138 Es werden Bauworkshops und andere Workshops zum Thema *Tiny House* im Sinne von *Do-it-Yourself*-Angeboten veranstaltet, Videos und Vorträge zum Thema: nachhaltige Lebens- und Wohnweise veröffentlicht, ein Versuch angestrebt andere AkteurInnen, sowie VertreterInnen der Stadtpolitik für das Thema durch Infoveranstaltungen und *Tiny-House*-Besichtigungs-Touren zu informieren und zu mobilisieren.Zudem gilt es auch, sich selbst von einer wachsenden Konsumgesellschaft durch eine nachhaltigere, minimalistischer Lebensweise zu distanzieren (vgl. dazu alle Interviews).

Also wie kann man es machen, dass die Gesellschaft für alle offen ist? Time Square: Wie macht man das, dass du am Time Square leben kannst oder in Schwabing oder in Zürich oder in Berlin Kreuzberg? Das sind die Fragen mit denen ich mich auseinandersetzte und Kultur ist so ein Trojanisches Pferd. Tiny Häuser sind für mich eine kulturelle Methode, so eine Kulturtechnik eigentlich um bestimmte gesellschaftliche Fragen zu sortieren (Interview Van Bo).

Mh dann natürlich Obdachlosen eine Würde zu geben, Flüchtlingen ... Auch in meinem Haus haben ja Flüchtlinge mitgearbeitet [...] Die beiden Arbeitssuchenden haben ja Monate lang auf dem Campus gelebt in einem Tiny House von Van Bo Le-Mentzel und die sind dadurch echt auf die Beine gekommen, weil die natürlich nirgends ... die brauchten für nen Job nen festen Wohnsitz, vorher haben die im Park geschlafen und ich mein wie soll man da arbeiten. Also dahinter stehe ich (Interview Luise).

[...] deswegen find ich's schon ganz cool was die Tinyhouse Universtiy macht. Ja also total den Fokus eben darauf zu legen auch integrativ zu sein (Interview Fiona).

Anzumerken ist in diesem Zusammenhang der Charakter der Subjektivierungstendenzen (vgl. Kapitel 4.2.1.2) im Sinne eines Prozesses der „dualen Subjektivierung" (vgl. Kleemann 2005: 338), der mit einer „missionarischen", politisch geprägten Gesellschaftsverantwortung einhergeht. Die AkteurInnen versuchen nicht nur einen gesellschaftlichen Mehrwert zu kreieren, sondern profitieren auch selbst durch persönliche Bereicherung und Befriedigung, die als Teil der Eigenmotivation/Eigenmission interpretiert werden kann. Es kann davon ausgegangen werden, dass „soziale Missionen" eben nicht nur auf ideelle Werte zurückzuführen sind, sondern auch mit Subjektivierungs- und Selbstverwirklichungsansprüchen einhergehen. Die politische Motivation auf rein altrusistische Motive zurückzuführen, scheint daher unzureichend und muss in diesem Zusammenhang kritisch hinterfragt werden.

4.2.3 Kategorie III: Das *Tiny House Movement* als sozial-ökologische Bewegung – Ausdruck eines nachhaltigen/konsumreduzierten Lebensstils

Wie bereits festgehalten, gehen mit dem Phänomen des *Tiny House Movement* unverkennbar politische Parameter einher. Durch einen zunehmenden gesellschaftlich wahrzunehmenden Bewusstseinswandel (vgl. Kapitel 1.1) wird vor allem auch die Verschränkung von Politik und Konsum unumgänglich, sodass Formen des Konsums unweigerlich selbst zum Gegenstand der Politisierung werden. Die aktuellen Nachhaltigkeitsdebatten werden somit nicht nur auf politischer Ebene erkennbar, sondern äußern sich zudem in suffizienz-orientierten Ansätzen, wie der *Décroissance* beziehungsweise *Degrowth*-Bewegung (vgl. Kapitel 2.4.1). Der Charakter der *Degrowth*-Bewegung – worin das *Tiny House Movement* zu subsumieren ist – äußert sich in einem

Bewusstsein um nachhaltige Themen und verfolgt das gesellschaftliche Konzept einer freiwilligen Reduktion von Produktion und Konsum. Die Intention der Bewegung zielt auf eine soziale und ökologische, an Nachhaltigkeit orientierte Konsum- und Lebensweise ab, was sich gegenwärtig in einem sich wandelnden Habitus einer Kultur widerspiegelt und neue Alternativbewegungen wie das *Tiny House Movement* hervorbringt (vgl. Demaria et al. 2017: 223; Schmelzer 2016: 182 f.).

Die Hinwendung zu derartigen, an Nachhaltigkeit und Minimalismus orientierten Lebensformen, hat sich auch bei der Analyse der Interviewgespräche bestätigt. Die AkteurInnen sind sich darüber bewusst, das einzelne VerbraucherInnen Auswirkungen auf die Umwelt haben und erhoffen sich aus einer konsumkritischen Haltung heraus, marktorientierte Wirtschaftssysteme langfristig beeinflussen zu können. Die Sensibilisierung der AkteurInnen für ökologische und nachhaltige Perspektiven offenbart sich dabei nicht nur im Wohnstil, sondern auch in ihrer an minimalistischen Leitbildern orientierten Lebens- und Konsumweise. Aus den Gesprächen ging hervor, dass sich uneingeschränkt alle InterviewpartnerInnen mit einer nachhaltigen Lebensweise auseinandersetzen und versuchen, nur das Nötigste zu konsumieren und Ressourcen durch die minimalistische Wohnform einzusparen. Die InterviewpartnerInnen Fiona und Boris achten zum Beispiel darauf, Flugreisen und unnötige Autofahrten zu vermeiden. Sie nutzen öffentliche Verkehrsmittel oder am liebsten ihr Fahrrad als Fortbewegungsmittel. Durch ihre „flexible Lebensweise", wie sie selbst sagen, besitzen sie ohnehin wenig Materielles und beschreiben ihren Besitz daher als „überschaubar".[139]

Ja also ... klar wir versuchen eigentlich nichts Unnötiges zu kaufen und versuchen so bewusst wie möglich zu konsumieren. Unterstützen oder kaufen ... also sind Mitglieder einer Genossenschaft bei dem Kartoffelkombinat, falls du den kennst. Also ich würde schon sagen das unser Lebensstil, so gut wie's eben für uns passt, nachhaltig ist (Interview Fiona).

Auch die anderen AkteurInnen schildern nachhaltige Handlungsweisen und Konsummuster – wie zum Beispiel den Erwerb von nachhaltiger Kleidung, von Biolebensmitteln oder regionalen Lebensmitteln.[140] Luise führt hier alternative Konsummöglichkeiten wie Kleidertauschpartys, Foodsharing, Tausch-Ring und Carsharing an, die sie gezielt anwendet und nutzt, um ihr angestrebtes Ziel einer nachhaltigen, minimalistischen Lebensweise dauerhaft zu erreichen.[141]

In diesem Zusammenhang ist anzumerken, dass die AkteurInnen sich zwar durchaus einem nachhaltigen Lebensstil verschreiben, sich aber dennoch klar von dem Begriff

---

139 Vgl. Interview Fiona und Boris.

140 Vgl. hierzu vor allem das Interview mit Max, Leonardo, Luise, Boris und Fiona.

141 Vgl. Interview Luise.

des Minimalismus abgrenzen. Die konkrete Bezeichnung der Lebensform scheint den meisten der befragten AkteurInnen schwer zu fallen, obgleich ihre Aussagen durchaus auf eine Hinwendung zu einem minimalistischen Lebensstil zutreffen. Obwohl bestimmten Lebensstilen, Konsum- und Handlungsweisen in der Regel bewusst nachgegangen wird, grenzen sich die AkteurInnen von bestehenden Konzepten ab, was das Lebensstilkonzept nach Simmel (1989) – in dem das Bedürfnis nach Abgrenzung und der gleichzeitige Druck zur Nachahmung herausgestellt wird – beschreibt und dem Verhalten der AkteurInnen ähnelt. Durch den Anspruch nach Subjektivierung (vgl. Kapitel 4.2.1.2) streben die Individuen danach, sich von der Mehrheitsgesellschaft zu distanzieren, um ihren individuellen Stil hevorzuheben. Dieser äußert sich jedoch gleichzeitig in einem sogenannten „Konformitätsdruck" (Simmel 1989: 591 f.), der wiederum mit dem Bedürfnis nach Nachahmung einhergeht, was dazu führt, dass sich die Individuen erneut etablierten Lebensmodellen verschreiben (vgl. Simmel 1989: 591 f.; Hahn 2005: 55 f.; Kapitel 2.4.4). Der Begriff Minimalismus scheint hier wohl mit einem kommerziellen Trend einherzugehen – zum Beispiel *Minimalism-Challenges* wie 100-Dinge besitzen[142] –, von dem sich die AkteurInnen bewusst distanzieren wollen. Trotz individueller Abgrenzungsmechanismen ordnen sie sich wiederum unverkennbar einer anderen Gruppe und damit verbundenen Lebensstilen zu, welche sich hier in der Zuordnung zum *Tiny House Movement* zu einer nachhaltigen, ökologischen und politisch orientierten Lebensweise im Sinne der *Degrowth*-Bewegung offenbaren.

[...] ich glaub wir sind nicht Leute die halt ner Ideologie hinterherrennen oder auch einem Konzept hinterherrennen wie zum Beispiel Minimalismus. Das ist für uns eigentlich gar nicht so das Ding, also ich schätze mal, ich rede jetzt mal für uns beide also ... Das ist jetzt nicht so das wir sagen: Ach wir sind jetzt Minimalisten und wir wollen wie Minimalisten sein, sondern wir schauen das wir nicht so viel brauchen aber das wir uns auch nicht irgendwas auferzwingen wollen, zum Beispiel so und so ne Anzahl von bestimmten Klamotten irgendwie kaufen wollen ... aber, wenn wir was brauchen (zögert kurz) ja dann kaufen wir uns das natürlich auch. Und deswegen mein ich, es ist jetzt nicht so, dass wir das jetzt beschlossen haben uns da ... also wir jetzt eben so die krassen Minimalismus-Anhänger sind, ich glaub halt das kommt halt von ganz alleine bei uns. Also wir sind immer viel rumgereist, waren viel unterwegs und wir hatten eh nicht viel mehr als einen Rucksack dabei (Interview Fiona).

It's the thing that I really don't want to be a Minimalist [...] I think it was like a process. I really didn't choose like: Now I start to be a minimalist (lacht). It came naturally [...] when I use more,

---

142 Hier ist zum Beispiel die Kommödie *100 Dinge* von Florian-David Fitz und Mathias Schweighöfer zu nennen, die die Lebensform des Minimalismus ins Feld des Mainstream rückt. Vgl. epd Film, URL: https://www.epd-film.de/filmkritiken/100-dinge [letzter Zugriff 20. 1. 2019].

I'll become less free! So, the more you have, the more you are forced into a place. Äh yeah, so perhaps minimalism as a design choice and Minimalist as a way to live with less constrains (Interview Leonardo).

Aber nochmal zurück zum Minimalismus: Also ich sehe mich zum Beispiel nicht als Minima-listen, weil ich versuchs zwar aber bei vielen Sachen glaub ich bin ich trotzdem noch jemand, der gerne was hat [...] Aber für mich bedeutet das eigentlich als Grundprinzip, dass man wenig Materielles hat und sich versucht halt auf das Essentielle zu reduzieren, was man auch wirk-lich zum Leben braucht, ja genau [...] da steht für mich da aber eher die Nachhaltigkeit im Vordergrund als das mich zu reduzieren und weniger Sachen zu haben. Aber dadurch kauft man natürlich auch viel weniger [...] ich mein ich kauf mir halt nicht drei Taschen in meinem Leben, sondern ich hab halt diese Tasche (sehr betont) und die lass ich reparieren und das ist für mich eigentlich auch eine Art des Minimalismus, der für mich auch Sinn macht. [...] Aber wir versuchen halt die Sachen die wir machen wollen auch zu machen aber dann möglichst effizient und möglichst nachhaltig zu machen, genau darum geht's eigentlich ja. [...] wir versu-chen quasi unseren Lifestyle so zu führen, dass wir halt mh sowohl unser Leben haben unseren Spaß haben und aber halt trotzdem das Ganze halt in ner nachhaltigen Art und Weise machen ja. [...] Deswegen, man fängt da schon an darüber zu überlegen und darüber nachzudenken und entscheidet sich auch immer mehr in so eine Richtung aber gar nicht aufgrund von irgendeiner Einstellung oder irgendeiner Attitüde, ja es ist schon sinnvoller, ja definitiv ja (Interview Max).

Das hört sich platt an, das steht ja so auch in vielen Dingen, es kam aber ohne, dass ich da irgendeinen Ratgeber ... ich hab keinen Ratgeber gelesen. Ich hab einfach bisschen im Internet gegoogelt ehrlich gesagt, genau. Keinen Leitfaden befolgt das kam alles so aus mir heraus, ich bin nur nach meinen Gefühlen gegangen [...]. Mein Verständnis von Minimalismus ist einfach das zu machen was ich möchte, mich zu konzentrieren auf meine wesentlichen Punkte [...] Minimalismus ist, dass ich alles was mir keine Freude bereitet, was mich belastet, so weit wie möglich reduziere. Minimalismus ein Genuss heißt für mich ein mehr: Ein mehr an Zeit, ein mehr an Freunden, an realen Kontakten, ein mehr an Qualität ein weniger an Gerümpel, ein weniger an Mist den ich pflegen muss [...] Also Qualität statt Masse, weniger, aber dafür Qua-lität (Interview Luise).

Van Bo betont in diesem Zusammenhang vor allem die Unterscheidung zwischen Mini-malismus und Maximalismus. Dabei konstatiert er, dass er sich trotz der Beschrän-kung auf kleinen Raum maximiert, indem er den öffentlichen Raum wie Parks, Cafés,

Supermärkte verstärkt nutzt. Minimalismus stellt für ihn dabei nichts anderes als einen Fetisch dar.[143]

Minimalismus ist ein Fetisch! [...] es gibt halt Leute, die stehen da drauf so ganz wenig Sachen zu besitzen, ganz ganz ganz wenig Pullover oder was weiß ich, sowas halt und das ist halt alles ein Fetisch! Ich bin ein Maximalist [...] Ich nenne das nicht Minimalismus, ich nenne das eher Maximalismus! (Interview Van Bo).

Mit der Hinwendung zu einem nachhaltigen Lebensstil scheinen auch die klassischen Begriffe wie *Downshifting* und *Downsizing* einherzugehen. *Downshifting* findet hier nicht zwingend im Kontext einer gezielten Reduktion von Arbeitsstunden statt, sondern macht sich in dem Sinne bemerkbar, dass die AkteurInnen versuchen, ihrer Passion nachzugehen. Ganz in Form eines kreativen Subjektivierungsprozesses (vgl. Kapitel 4.2.1.1, 4.2.1.2) versuchen sie, sich nicht nur in ihrer Freizeit zu verwirklichen, sondern dies auch in die Arbeitswelt zu übertragen[144] und in Form von eigenen Projekten zu realisieren. Die AkteurInnen sprechen in dem Zusammenhang von Arbeit, die ihnen Spaß bereitet und die sich reibungslos in ihren Lebensstil integrieren lässt:[145]

Also das ist jetzt für mich glaub ich nicht die Hauptintention jetzt Downzushiften, ja schon irgendwie aber ich mein es ist halt auch ne Sache wie man Arbeit definiert. Ich mein wenn ich jetzt was mache, was mir Spaß macht und ich dann auch noch am Ende des Tages Geld dafür bekomme, ich meine dann ist das halt für mich auch irgendwie keine Arbeit, sondern dann ist das halt mehr so Vergnügen (Interview Boris).

Downsizing spielt dabei eher eine untergeordnete Rolle in der Reduzierung des Besitzes. Die meisten der GesprächspartnerInnen geben an, ohnehin nicht sehr viel zu besitzen und messen dem Prozess der Reduktion daher eine tendenziell geringe Bedeutung bei.[146] *Downsizing* findet hier vielmehr in Form der Wohnraumreduzierung durch das

---

143 Vgl. dazu Böhme (2006): Fetischismus und Kultur. *Eine andere Theorie der Moderne* (Kapitel 3): „Der Warenfetischismus" 307 f.

144 Vgl. dazu Postfordistische Arbeitsmodelle der modernen Gesellschaft in Abgrenzung zu Normalarbeitsverhältnissen in Verbindung mit Subjektivierungsprozessen und einer Entgrenzung von Arbeit und Leben: Götz/Wittel (2000); Gottschall/Voß (2005); Herlyn et al. (2009); Schönberger/Springer (2003); Schöneberger (2004); Schönberger (2007).

145 Vgl. dazu alle Interviews.

146 Für Luise spielt der Begriff *Downsizing* aktuell eine ganz entscheidende Rolle. Sie hat sich von einem davor am extremen Konsum orientierten Lebensstil abgewandt und gezielt für ein minimalistischeres und an Nachhaltigkeit orientiertes Lebensmodell entschieden. Aktuell empfindet sie die vormals gekaufte Ware als große Belastung und *downsized* daher auf gezielte Art und Weise. Für Luise stellt

Leben im *Tiny House* statt. Durch die Minimalisierung des Lebens auf kleinem Raum und eine damit einhergehende Beschränkung auf Luxus wie Wasseranschluss, Strom, etc., scheint sich wohl auch der Lebensstil in eine nachhaltigere, ökologischere Richtung zu entwickeln.

But I think it's very important äh, not just talking about the ecological, like energetically sustainability but also the life becomes sustainable in a Tiny House because you have less objects so you're not very forced to have things. You appreciate the value of something more that's really needed. [...] So, I think it´s the house itself – in my case – which helps you to be this way. Because there is a limitation of space [...] the space is connected with the lifestyle so ... Of course the space shows you, since you don't have so much storage, that if you have more things you don't know where to put them (Interview Leonardo).

Naja du wirst halt auf jeden Fall anders konsumieren (Interview VanBo).

Ja ich würde auch echt sagen, dass das Wohnen so nen Effekt hatte (Interview Max).

Mit der Reduktion des Wohnraumes und einer damit einhergehenden nachhaltigeren Lebensweise scheint für die AkteurInnen auch ein Gewinn an Lebensqualität einherzugehen. Fiona und Boris merken hier an, dass sie sich vom Bau ihres ökologischen Tiny Hauses, welches sie nach ihren eigenen Vorstellungen kreieren können, eine „erhöhte Lebensqualität"[147] versprechen. Luise spricht in diesem Zusammenhang von einem Ort, an dem sie sich auf das Wesentliche konzentrieren kann:

Mit so einem Tiny House ... für mich hat sich da ein großes Stück Freiheit realisiert. Tatsächlich! Das muss nichts für jeden sein mh es gibt verschiedene Arten des Minimalismus, also den zu leben, der eine fastet und fühlt sich danach wie neu geboren. Und für mich ist es dieses Haus aus diversen Gründen [...] also ich habe festgestellt durch das Tiny House, durch die Reduktion in diesem Haus, was macht mich glücklich? [...] da hab ich so einen Ort, wo ich hingehen kann und da weiß ich auch ganz schnell wieder, was ich brauche, wenn ich es mal wieder vergessen hab, was ich allzu oft tue (Interview Luise).

Ziel und Vision der AkteurInnen ist die Umsetzung eines nachhaltigen, ökologischen Wohnraums, der ihrem Lebensstil entspricht. Dabei achten sie auch bei der Bauweise auf nachhaltige Materialien und Methoden wie Solarpanele oder Holzöfen, die zudem

---

der Prozess des *Downszising* einen wichtigen Schritt in Richtung eines befreiteren, von Konsumgütern losgelösten, minimalistischen Lebens dar (vgl. Interview Luise).

147 Vgl. Interview Fiona und Boris.

eine gewisse Autarkie und Flexibilität ermöglichen.[148] Die AkteurInnen sehen das *Tiny House* zwar nicht als die eine gesellschaftlich-nachhaltige Wohnlösung, jedoch als einen Vorschlag, der langfristig auch mit einer nachhaltigen und bewussten Lebensweise einherzugehen scheint und eine Diskussion in der Gesellschaft anstößt. Durch den ambitionierten Zielgedanken und aufgrund der Überzeugung, mit den eigenen Projekten einen Beitrag für Umwelt und Gesellschaft leisten zu können, erhoffen sich die AkteurInnen langfristig gesellschaftliche Legitimierung und Unterstützung für ihre Projekte.

Ist alles nicht erlaubt aber wir machen's trotzdem, weil es richtig ist! (Interview Van Bo).

Wir gehen einfach [...] mit nem sinnvollen Gedanken da ran (Interview Max).

I demonstrated that it is possible to live in a small house, that the lifestyle would change (Interview Leonardo).

Wir wissen, dass wir wirklich authentisch gute Sachen versuchen zu geben für die Stadt und ich glaub das kommt ganz gut an. Also ich glaube die Leute spüren das, dass wir halt eigentlich ne gute Funktion haben (Interview Boris).

148 Vgl. dazu das Interview mit Fiona und Boris, Leonardo und Max.

5   Zusammenfassung und Ausblick auf Forschungsdesiderate

Das Erkenntnisinteresse der vorliegenden Ethnografie war es, das zeitgenössische und bisweilen sehr populäre Phänomen des *Tiny House Movement* in seinen Grundzügen greifbar zu machen. Mittelpunkt und Gegenstand der Forschung stellten dabei die einzelnen Subjekte und ihre intrinsische Motivation dar. Es stellte sich sowohl die Frage nach den individuellen Beweggründen der AkteurInnen, sich innerhalb eines solch neuartigen Phänomens zu verorten, als auch die Frage nach dem gesellschaftlichen Charakter, der hinter der Etablierung eines solchen globalen Verlangens nach neuen Wohnformen und alternativen Lebensweisen steckt. Um dieser Frage auf den Grund zu gehen, wurde ein qualitatives Forschungsdesign gewählt. Mittels sechs narrativ-biografischer Interviews und der kulturwissenschaftlichen Methode der Teilnehmenden Beobachtung konnte die erforderliche Nähe zu den AkteurInnen geschaffen werden, die sich für die Darstellung eines emischen Blickes auf die intrinsischen Leitgedanken der Individuen als zentral herausstellte. Bei dem kulturwissenschaftich-ethnografischen Vorgehen wurde darauf geachtet, Transparenz innerhalb des erschlossenen Forschungsprozesses zu gewährleisten, um tatsächliche Strukturen der Bewegung authentisch darzulegen.

Die Aktualität des Phänomens erschließt sich aus einer auffälligen medialen Aufmerksamkeit sowie dem rapiden Anstieg der Zahl von VertreterInnen der und InteressentInnen an der Bewegung. Immer mehr Menschen springen auf den Trend nach neuen Wohnformen und alternativen Lebensweisen auf, was nicht nur in einer Zunahme der Thematik *Tiny House* in Social-Media-Kanälen, sondern gleichermaßen in der regen Berichterstattung in öffentlichen Medien deutlich wird. Mit dem Phänomen geht in Anlehnung an den aktuellen Forschungsstand und die Wohnform betreffende öffentliche Diskussionen unverkennbar die Konnotation eines minimalistischen und an Prinzipien der Nachhaltigkeit orientierten Lebensstils einher. Dabei spielen Lebensstile wie Minimalismus und das *Voluntary Simplicity Movement*, die sich bereits in den letzten Jahren in den USA etabliert haben, in Verbindung mit Schlagworten wie *Downszising* und *Downshifting* eine entscheidende Rolle bei der Betrachtung des neuen Phänomens. Diese bereits ausgiebig untersuchten Forschungsgegenstände waren folglich immanent für die Analyse des zu Grunde liegenden Phänomens.

Zudem liegt die Vermutung nahe, dass AkteurInnen aus einer politisch wie gesellschaftlich ideologischen Motivation heraus handeln, die sich als vermeintliche Postwachstumsstrategie und als Gegenentwurf zur florierenden Wachstums- und Konsumgesellschaft positioniert. Aus aktuellen politischen Versäumnissen, Problemlangen in der Wohnungspolitik und einem zunehmenden Bewusstsein für nachhaltige Themen resultiert nach den eigenen empirischen Forschungserkenntnissen ein Interesse an neuen alternativen Maßnahmen und Lösungsstrategien, die sich in einer systemkritischen Gegenbewegung wie dem *Tiny House Movement* offenbaren. In diesem Zusammehang ist anzumerken, dass es sich bei der Hinwendung zu alternativen Wohn- und Lebensformen keinesfalls um eine neue Erscheinung handelt, sondern dass sich diese durchaus aus sozialen Vorläuferbewegungen mit ähnlich angelegten, intrinsisch motivierten Beweggründen ableiten lassen. Zu nennen seien hier gesellschaftliche Gegenbewegungen, die sich im vergangenen Jahrhundert etablierten, beispielsweise die Lebensreformbewegung um 1900, die Hippiebewegung ab den 60er Jahren sowie der Camping- und Wohnwagenkultur in Deutschland seit den 1960er Jahren.

Der politische Charakter spielt bei der Darstellung des aktuellen Phänomens eine entscheidende Rolle. Wie in der Arbeit festgestellt, offenbart sich das *Tiny House Movement* als neue Protestform in Form der Kommunikationsguerilla, die vor allem auf Kommunikation und Vergemeinschaftung ausgelegt ist (vgl. Kapitel 2.3).

Die politischen Parameter zeigen sich aber nicht nur in zunehmenden Nachhaltigkeitsdebatten um die Postwachstumsökonomie, sondern äußern sich ferner in weiteren, an Suffizienz orientierten Ansätzen, wie der *Décroissance* beziehungsweise *Degrowth*-Bewegung (vgl. Kapitel 2.3.1). Der Zielgedanke des *Degrowth* äußert sich als radikaler Ausdruck gegen eine Postwachstumsökonomie, die sich durch alternative Gegenmaßnahmen in Form neuer Postwachstumsstrategien äußert. Die AkteurInnen dieser Forschung werden in diesem Zusammenhang als „ProsumentInnen" (Paech 2012, 2016). bezeichnet, das *Tiny House* in Form einer alternativen, nachhaltigen Wohnform entsprechend als systemkritische Gegenmaßnahme und Postwachstumsstrategie.

Aus kulturwissenschaftlicher Perspektive kann zudem auf eine Verbindung von Wohnen und sozialen Strukturen hingewiesen werden. Elias (2002) offenbart so „Wohnstrukturen als Anzeiger gesellschaftlicher Strukturen" und auch Durkheim (1970) versteht Gebäude als „soziologische Tatbestände" und „materielles Substrat". Um die Deutlichkeit von sozialen Strukturen im Wohnen zu erkennen, kann hier der Bogen von der ethnologischen Raumforschung zur Architektursoziologie gespannt werden. Die soziale Struktur und die Handlungsweisen äußern sich so in einer Implikation des Materiellen. Somit wird der Raum per se als abhängig von kulturellen und sozialen Arrangements verstanden und demzufolge als „Medium des Sozialen" (Delitz 2010: 11 f.) begriffen. Es wird davon ausgegangen, dass sich der Mensch seine Welt so gestaltet, wie er nach eigenen Vorstellungen in ihr leben will (vgl. Park 1967 zit. nach Harvey 2013: 28). So zeigt sich die gebaute Welt zum Beispiel auch in Form eines politischen Charakters, der städtischen Raum zu einem Ort „rebellischer Städte" (vgl. Harvey 2013) verbunden mit einem „Recht auf Stadt" (vgl. Lefebvre 2016) macht. Das *Tiny House* symbolisiert als gebauter Raum somit weitaus mehr als bloße Materie und spiegelt soziale Strukturen und Handlungsweisen der AkteurInnen wider. Dinge sind so nach Kaschuba (2006) „polysemische Betreutungsträger". Die Sprache der Dinge meint somit stets die Sprache der Kultur. Diese Annahme wird von Bausinger (2003) unterstützt, indem er Dinge als Botschafter, Ausdrucksform von Symbolwelten und „Vehikel der Kommunikation" (10) deklariert. Mit bestimmten Objekten geht so eine spezifische Bedeutungszuschreibung einher, die das Objekt zu einem „Repräsentat einer funktionemotionalen Potentialität" macht (vgl. Korff 1992: 8). Dies wirkt sich wiederum auf das individuelle Handeln aus, aber auch auf gesellschaftliche Handlungsstrukturen und offenbart sich so in bestimmten Lebensstilen und Konsumweisen. Das *Tiny House* kann in diesem Sinne als „Repräsentant einer funktional-emotionalen Potentialität" (ebd.: 8) interpretiert werden und ist somit als Teil eines Materialisierungsprozesses zu verstehen.

Aus sozialwissenschaftlicher Sicht sind Konsummotive und Bedürfnisse ein wesentliches Fundament für die Ausformung von Lebensstilen, die dabei ebenfalls von spezifischen Umgangsformen bestimmter Sachgüter gekennzeichnet sind (vgl. Georg 1998: 92). Anhand der drei Lebensstiltheorien der vielfach rezipierten Kulturtheoretiker Veblen, Simmel und Bourdieu kann der spezifische Umgang mit Dingen und die damit verbundene individuelle sowie gesellschaftliche Bedeutungsaufladung zum Ausdruck gebracht werden. In der Theorie Simmels äußert sich das Aufreten neuer Lebensstile in einem Bedürfnis nach Abgrenzung und einem Druck zur Nachahmung. Trotz des individualstilistischen Widerstandes unterliegen Individuen einem sogenannten „Konformitätsdruck", der sich in einem wiederkehrenden Zusammenspiel von Nachahmungs- und Abgrenzungsmotiven offenbart (vgl. Hahn 2005: 55 f.). Auch Veblen (1986) bezieht sich in seiner Theorie des „demonstrativen Konsums" maßgeblich auf Aspekte des sozialen Ansehens. Im Sinne der Forschungsanalyse zum *Tiny House Movement* kann hierunter eher ein „demonstrativer Nicht-Konsum" in Form einer nachhaltigen, minimalistischen Lebensweise verstanden werden (vgl. Kapitel 2.4.4).

Das *Tiny House* stellt somit ein Zuordnungsobjekt eines gewissen Habitus (Bourdieu 1976) eines Individuums dar und bringt die Verfügbarkeit eines dementsprechenden kulturellen, sozialen und ökonomischen Kapitals zum Ausdruck. Durch die angeführten habituellen Kapitalarten ist es den AkteurInnen möglich, sich von anderen sozialen Gruppen und Lebensstilen zu distanzieren oder sich diesen zuzuordnen. Damit einher geht der Begriff der Subjektivierung und der des Kreativitätspotentials (Reckwitz 2010; 2012). Das Bedürfnis nach Statussymbolen zeigt sich hier in eindringlichen Symbolen einer nachhaltigen Lebensweise sowie dem Gegenstand des *Tiny House* als bedeutungstragendem Symbolobjekt, das für Unabhängigkeit, Mobilität, Nachhaltigkeit und eine gewisse politische Einstellung, Werte und Normvorstellungen steht. Dabei scheint vor allem die Anerkennung durch Gleichgesinnte, aber auch das Bedürfnis nach Selbstbestimmung maßgeblich zu sein. Die AkteurInnen verorten sich in der Mittelschicht. Die Zuordnung zu einem gewissen Milieu drücken die Individuen durch ihren gewählten nachhaltigen Lebensstil aus, welcher langfristig identitätsprägend ist. Die Zuordnung zu einer Schicht und einem spezifischen Lebensstil befähigt die AkteurInnen durch ihre Privilegien dazu, eine politisch motivierte „missionarische Rolle" in der Gesellschaft einzunehmen, die langfristig darauf abzielen soll, eine systemische Veränderung herbeizuführen.

Durch die Verbindung theoretischer Zugänge und Perspektiven mit eigens generierten empirischen Daten konnten auf Basis der Auswertungsmethode der *Grounded Theory* (Glaser/Strauss 2005) drei Kategorien identifiziert werden, die eine Deutung der intrinsischen Motivation der AkteurInnen des *Tiny House Movement* zulassen:

Kategorie I: *Das Tiny House Movement als Mittelschichtsphänomen*

Kategorie II: *Das Tiny House Movement als Form eines politischen Aktivismus – politische Parameter der Bewegung*

Kategorie III: *Das Tiny House Movement als sozial-ökologische Bewegung – Ausdruck eines nachhaltigen/konsumreduzierten Lebensstils*

Die einzelnen Kategorien stellen die Resultate eines induktiven Forschungsprozesses dar und erheben keinen Anspruch auf Vollständigkeit beziehungsweise theoretische Robustheit. Vielmehr sollen sie als Orientierung für zukünftige empirische Forschungen zum Phänomen dienen, die aufgrund der Vielschichtigkeit des Phänomens als sehr vielversprechend angesehen werden können. Da die bisherige Studienlage zum *Tiny House Movement* als sehr dünn bezeichnet werden kann, fehlt bisher die Möglichkeit, empirische Ergebnisse abgleichen zu können. Als Limitation ist in diesem Zusammenhang anzumerken, dass es sich bei der vorliegenden Arbeit um eine verhältnismäßig eingeschränkte Ethnografie mit sechs GesprächpartnerInnen handelt, die durchaus mit weiteren InterviewpartnerInnen und VertreterInnen der Szene angereichert werden könnte und in größerem Umfang realisiert werden sollte. Im Rahmen eines größeren Samples wäre zudem zu prüfen, ob es sich durchweg um eine homogene Gruppe von AkteurInnen handelt, oder ob sich das Phänomen abseits des ideologischen Mainstreams weitaus heterogener und vielschichtiger präsentiert.

6 Literatur

AK Postwachstum (Hg.) (2016): Wachstum – Krise und Kritik: Die Grenzen der kapitalistisch-industriellen Lebensweise. Frankfurt am Main.

Alexander, Samuel (2011): The Voluntary Simplicity Movement: Reimagining the Good Life beyond Consumer Culture. In: The International Journal of Enviromental, Cultural Economic and Social Sustainability, 7 (3), S. 1–13.

Alexander, Samuel (2016): Minimalismus. In: D'Alisa, Giacomo/Demaria, Frederico/Kallis, Giorgos (Hg.): Degrowth: Handbuch für eine neue Ära. München, S. 162–165.

Alexander, Samuel/McLeod, Amanda (2014): Simple Living in History: Pioneers of the Deep Future. Simplicity Institute. Melbourne.

Alexander, Samuel/Ussher, Simon (2012): The Voluntary Simplicity Movement: A Multi-National Survey Analysis in Theoretical Context. In: Journal of Consumer Culture, 12 (1), S. 66–86.

autonome a.f.r.i.k.a.-gruppe (2001): Blissett, Luther/Brünzels, Sonja (2001): Handbuch der Kommunikationsguerilla – wie helfe ich mir selbst, 4. Auflage. Berlin/Hamburg.

Barlösius, Eva (1997): Naturgemäße Lebensführung: Zur Geschichte der Lebensreform um die Jahrhundertwende. Frankfurt am Main.

Baudrillard, Jean (1991): Das System der Dinge. Über unser Verhältnis zu den alltäglichen Gegenständen. Frankfurt am Main/New York. (Original: Le système des objets. Paris 1968).

Bausinger, Hermann (2003): Die Botschaft der Dinge. In: Kallinich, Joachim/Bretthauer, Bastian (Hg.): Botschaft der Dinge. Kataloge der Museumsstiftung Post und Telekommunikation. Heidelberg, S. 10–12.

Beck, Ulrich/Giddens, Anthony/Lash, Scott (1996): Reflexive Modernisierung: Eine Kontroverse. Frankfurt am Main.

Berking, Helmuth/Löw, Martina (Hg.) (2008): Die Eigenlogik der Städte: Neue Wege für die Stadtforschung. Frankfurt am Main/New York.

Bourdieu, Pierre (1976): Entwurf einer Theorie der Praxis – auf der ethnologischen Grundlage der kabylischen Gesellschaft. Frankfurt am Main.

Bourdieu, Pierre (1982): Die feinen Unterschiede. Kritik der gesellschaftlichen Urteilskraft. Frankfurt am Main.

Braun, Karl/Dieterich, Claus-Marco/Treiber, Angela (Hg.) (2015): Materialisierung von Kultur. Diskurse Dinge Praktiken. Würzburg.

Bretthauer, Bastian (2003): Der gemeine Unterschied. Statusobjekte im Dienst der symbolischen Reproduktion sozialer Ungleichheit. In: Kallinich, Joachim/Bretthauer, Bastian (Hg.): Botschaft der Dinge. Museumsstiftung Post und Telekommunikation, S. 144–153.

Böhme, Hartmut (2006): Fetischismus und Kultur. Eine andere Theorie der Moderne, Kapitel 3. Reinbek bei Hamburg.

Brown, Joe David (1967): The Hippies: By the Correspondents of Time. New York.

Buchholz, Kai (2001): Begriffliche Leitmotive der Lebensreform. In: Buchholz, Kai/Latocha, Rita/Peckmann, Hilke/Wolbert, Klaus (Hg.): Die Lebensreform. Entwürfe zur Neugestaltung von Leben und Kunst um 1900, Band 1. Darmstadt, S. 41–43.

(BMUB) Bundesministeriums für Umwelt, Naturschutz, Bau und Reaktorsicherheit (2017): Übergang in eine Green Economy: Systemische Hemmnisse und praktische Lösungsansätze Analysen, Thesen, Workshop-Ergebnisse. Konold, Dieter/Schwietring, Thomas (Hg.): Umweltforschungsplan des Bundesministeriums für Umwelt, Naturschutz, Bau und Reaktorsicherheit (BMUB). Dessau-Roßlau.

(BMWi) Bundesministerium für Wirtschaft und Technologie (2010): Der Campingmarkt in Deutschland. Endbericht (2009/2010). Studie 587. Text und Redaktion: Deutscher Tourismusverband e. V. (DTV). Berlin.

Bütow, Martin (1996): Abenteuerurlaub Marke DDR: Camping. In: Schäfer, Hermann (Hg.): Endlich Urlaub! Die Deutschen reisen. Bonn, S. 101–105.

Cohn, Miriam (2014): Teilnehmende Beobachtung. In: Bischoff, Christine/Oehme-Jüngling, Karoline/Leimburger, Walter (Hg.): Methoden der Kulturanthropologie. Bern, S. 71–84.

D'Alisa, Giacomo/Demaria, Frederico/Kallis, Giorgios (Hg.) (2016): Degrowth: Handbuch für eine neue Ära. München.

Delitz, Heike (2010): Gebaute Gesellschaft: Architektur als Medium des Sozialen. Frankfurt am Main.

Demaria, Federico/Schneider, Francois/Sekulova, Filka/Martinez-Alier, Juan (2017): Degrowth – vom aktivistischen Slogan zur sozialen Bewegung. In: Peters, Stefan/Burchardt, Hans-Jürgen (Hg.): Umwelt und Entwicklung in Globaler Perspektive. Ressourcen – Konflikte – Degrowth. Frankfurt am Main, S. 223–246.

Dirksmeier, Peter (2009): Urbanität als Habitus. Zur Sozialgeographie städtischen Lebens auf dem Land. Bielefeld.

Dobler, Gregor (2004): Bedürfnisse und der Umgang mit Dingen. Eine historische Ethnographie der Ile d'Ouessant, Bretagne, 1800–2000. Berlin.

Douglas, Mary/Baron, Isherwood (1996): The World of Goods. London. (Original: 1979).

Durkheim, Emile (1970): Die Regeln der soziologischen Methode. René König (Hg.), 3. Auflage. Neuwied/Berlin.

Elgin, Duane (1981): Voluntary Simplicity: Toward a Way of Life That Is Outwardly Simple, Inwardly Rich. New York.

Elgin, Duane (2013): Voluntary Simplicity – A Path to Sustainable Prosperity. Social Change Review, 11 (1), S. 69–84.

Elias, Norbert (2002): Die höfische Gesellschaft. Untersuchungen zur Soziologie des Königtums und der höfischen Aristokratie; mit einer Einleitung: Soziologie und Geschichtswissenschaft. Frankfurt am Main.

Flick, Uwe/Von Kardorff, Ernst/Steinke, Ines (Hg.) (2010) Qualitative Forschung. Ein Handbuch, 8. Aufl. Reinbek bei Hamburg.

Ford, Jasmine/Gomez-Lanier, Lilia (2017): Are Tiny Homes Here to Stay? A Review of Literature on the Tiny House Movement. In: Family and Consumer Sciences Research Journal, 45 (4), S. 394–405.

Fritzen, Florentine (2006): Gesünder leben: die Lebensreformbewegung im 20. Jahrhundert. Stuttgart (Frankfurter Historische Abhandlungen, 45).

Fuchs-Heinritz, Werner (1998): Soziologische Biographieforschung: Überblick und Verhältnis zur Allgemeinen Soziologie. In: Jüttemann, Gerd/Thomae, Hans (Hg.): Biographische Methoden in den Humanwissenschaften. Weinheim/Basel.

Gajek, Esther (2014): Lernen vom Feld. In: Bischof, Christine/Leimgruber, Walter/Oehme-Jüngling, Karoline (Hg.): Methoden der Kulturanthropologie. Bern, S. 53–68.

Geertz, Clifford (1983): Dichte Beschreibung. Bemerkungen zu einer deutenden Theorie von Kultur. In: ders. (Hg.): Dichte Beschreibung. Beiträge zum Verstehen kultureller Systeme. Frankfurt am Main.

Georg, Werner (1998): Soziale Lage und Lebensstil. Eine Typologie. Leske + Budrich.

Giddens, Anthony (1997): Konsequenzen der Moderne. Frankfurt.

Gottschall, Karin/Voß, Günter (2005): Entgrenzung von Arbeit und Leben – Zur Einleitung. In: dies. (Hg.): Entgrenzung von Arbeit und Leben. Zum Wandel der Beziehungen von Erwerbstätigkeit und Privatsphäre im Alltag. München/Mering, S. 11–33 (Arbeit und Leben im Umbruch, 5).

Götz, Irene/Lemberger, Barbara (2009): Prekär arbeiten, prekär leben. Frankfurt am Main/New York.

Götz, Irene/Wittel, Andreas (2000): Ethnografische Arbeitsforschung – zur Einführung. In: dies. (Hg.): Arbeitskulturen im Umbruch. Zur Ethnographie von Arbeit und Organisation. Münster, S. 7–15 (Münchner Beiträge zur Volkskunde, 26).

Götzö, Monika (2014): Theoriebildung nach Grounded Theory. Bischoff, Christine/Leimgruber, Walter/Oehme-Jüngling, Karoline (Hg.): Methoden der Kulturanthropologie. Bern, S. 444–458.

Gregg, Richard B. (2009, first published in 1936): The Value of Voluntary Simplicity. Wallingford, Pennsylvania.

Grewe, Maria (2017): Teilen, Reparieren, Mülltauchen. Kulturelle Strategien im Umgang mit Knappheit und Überfluss. Bielefeld.

Grigsby, Mary (2004): Buying Time and Getting By: The Voluntary Simplicity Movement. New York.

Hagenbüchle, Roland (1998): Subjektivität: eine historisch-systematische Hinführung. Geschichte und Vorgeschichte der modernen Subjektivität, Band 1. Berlin, S. 1–90.

Hahn, Hans Peter (2005): Materielle Kultur. Eine Einführung. Berlin.

Harvey, David (2013): Rebellische Städte. Berlin.

Häusser, Ulrike/Merkel, Marcus (Hg.) (2009): Vergnügen in der DDR. Berlin.

Häußermann, Hartmut/Siebel, Walter (1996): Soziologie des Wohnens: eine Einführung in Wandel und Ausdifferenzierung des Wohnens. Weinheim.

Hellmann, Kai-Uwe (2011): Fetische des Konsums: Studien zur Soziologie der Marke. Wiesbaden.

Hengartner, Thomas (2002): Zur Ordnung von Raum und Zeit: Volkskundliche Anmerkungen. In: Schweizerisches Archiv für Volkskunde, (98), S. 27–39.

Herlyn, Gerit/Müske, Johannes/Schönberger, Klaus/Sutter, Ove (2009): Ethnographische Arbeitskulturen – Forschung und Entgrenzungsprozesse. In: dies. (Hg.): Arbeit und Nicht-Arbeit. Entgrenzungen und Begrenzungen von Lebensbereichen und Praxen. München/Mering, S. 11–20 (Arbeit und Alltag. Beiträge zur ethnografischen Arbeitskulturenforschung, 1).

Hasse, Jürgen (2009): Unbedachtes Wohnen: Lebensformen an verdeckten Rändern der Gesellschaft. Bielefeld.

Hennig, Christoph (1997): Reiselust: Touristen, Tourismus und Urlaubskultur. Leipzig.

Hofmann, Gabriele (1994): Über den Zaun geguckt. Freizeit auf dem Dauercampingplatz und in der Kleingartenanlage. Frankfurt am Main (Kulturanthropologie-Notizen, Bd. 45).

Inglehart, Ronald (2015): The Silent Revolution: Changing Values and Political Styles among Western Publics. Princeton University Press.

Institut für Forstökonomie (2012): Woynowski, Boris/Becker Patrick/Bertram, Alexander et al. (Hg.): Wirtschaft ohne Wachstum?! Notwendigkeit und Ansätze einer Wachstumswende. Arbeitsbericht (29). Albert-Ludwigs-Universität Freiburg Institut für Forstökonomie. Freiburg im Breisgau.

Issitt, Micah L. (2009): Hippies: A Guide to an American Subculture. Santa Barbara, California.

Jeggle, Utz (1983): Vom Umgang mit Sachen. In: Köstlin, Konrad/Bausinger, Hermann (Hg.): Umgang mit Sachen. Zur Kulturgeschichte des Dinggebrauchs. Regensburg.

Kaschuba, Wolfgang (2006): Einführung in die Europäische Ethnologie. München.

Kleemann, Frank (2005): Die Wirklichkeit der Teleheimarbeit: Eine arbeitssoziologische Untersuchung. Berlin.

Korff, Gottfried/Eberspächer, Martina (1992): 13 Dinge: Form, Funktion, Bedeutung. Katalog zur gleichnamigen Ausstellung im Museum für Volkskultur in Württemberg, Waldenbuch-Schloß vom 3. Oktober 1992 – 28. Februar 1993. Stuttgart.

Koschel, Jana (2014): „Smells like Teamspirit" Ethnologische Einblicke in die Kultur eines Coworking Space. München (Münchner ethnographische Schriften, Band 17).

Krabbe, Wolfgang R. (1974): Gesellschaftsveränderung durch Lebensreform. Göttingen.

Lamla, Jörn/Neckel, Sighard (Hg.) (2006): Politisierter Konsum – konsumierte Politik. Wiesbaden.

Lefebvre, Henri (2016): Das Recht auf Stadt: Nautilus Flugschrift. Edition Nautilus. Hamburg. (Original: Le droit à la ville: Henri Lefebvre; aus dem Französischen von Birgit Althaler; mit einem Vorwort von Cristoph Schäfer).

Lehmann, Albrecht (1979): Autobiographische Methoden. Verfahren und Möglichkeiten. In: Ethnologia Europaea. Revue Internationale d'Ethnologie Européenne. Münster, 11 (1), S. 36–54.

Lessnich, Stephan (2018): Transformation im Dialog: Mehr Utopie wagen. In: Acosta, Alberto/Brand, Ulrich (2018): Radikale Alternativen. Warum man den Kapitalismus nur mit vereinten Kräften überwinden kann. München, S. 6–8.

Litscher, Monika (2015): Urbane Szenerien. Ein Konzept im Repräsentationsmodus der ethnografischen Collage in Bild und Text. Münster.

Löw, Martina (2007): Raumsoziologie. Frankfurt am Main.

Meadows, Dennis/Meadows, Donella/Randers, Jorgen (1972): Die Grenzen des Wachstums: Bericht des Club of Rome zur Lage der Menschheit. New York.

Miller, Daniel (1987): Material Culture and Mass Consumption. Oxford, UK/New York.

Müller, Hans-Peter (1989): Lebensstile. Ein neues Paradigma der Differenzierungs- und Ungleichheitsforschung. In: Kölner Zeitschrift für Soziologie und Sozialpsychologie, (41), S. 53–71.

Müller, Hans-Peter (1992): De gustibus non est disputandum? Bemerkungen zur Diskussion um Geschmack, Distinktion und Lebensstil. In: Eisendle, Reinhard (Hg.): Produktkulturen: Dynamik und Bedeutungswandel des Konsums. Frankfurt am Main, S. 117–134.

Muri Koller, Gabriela (2014): Triangulationsverfahren im Forschungsprozess. In: Bischoff, Christine/Oehme-Jüngling, Karoline/Leimgruber, Walter (Hg.): Methoden der Kulturanthropologie. Bern, S. 459–473.

Noll, Heinz-Herbert/Weick, Stefan (2011): Schichtzugehörigkeit nicht nur vom Einkommen bestimmt. Analyse zur subjektiven Schichteinstufung in Deutschland. In: Informationsdienst Soziale Indikatoren: Leipniz-Institut für Sozialwissenschaften (2011): Sozialberichterstattung Gesellschaftlicher Trends, (45), S. 1–7.

Paech, Nico (2012): Befreiung vom Überfluss. Auf dem Weg in die Postwachstumsökonomie. München.

Paech, Nico (2016): Postwachstumsökonomik als Reduktionsprogramm für industrielle Versorgungssysteme. In: AK Postwachstum (Hg.): Wachstum-Krise und Kritik: Die Grenzen der kapitalistisch-industriellen Lebensweise. Frankfurt am Main, S. 135–158.

Prisching, Manfred (2008): Paradoxien der Vergemeinschaftung. In: Hitzler, Ronald/Honer, Anne/Pfadenhauer, Michaela (Hg.): Posttraditionale Gemeinschaften: theoretische und ethnografische Erkundungen. Wiesbaden.

Reckwitz, Andreas (2010): Das hybride Subjekt. Stuttgart.

Reckwitz, Andreas (2012, 4. Auflage 2014): Die Erfindung der Kreativität. Zum Prozess gesellschaftlicher Ästhetisierung. Berlin.

Riedel, Christoph (1989): Subjekt Und Individuum Zur Geschichte des Philosophischen Ich-Begriffes. Darmstadt.

Rockström, Johann/Steffen, Will/Noone, Kevin et al. (2009): Planetary Boundaries: Exploring the Safe Operating Space for Humanity. In: Ecology and Society, 14 (2): S. 32.

Rosa, Hartmut (2005): Beschleunigung. Die Veränderung der Zeitstruktur in der Moderne. Frankfurt am Main.

Rosa, Hartmut/Gertenbach, Lars/Laux, Henning/Strecker, David (2010): Theorien der Gemeinschaft zur Einführung. Hamburg.

Rousseau, Jean-Jacques (2017): Der Gesellschaftsvertrag: Prinzipien des politischen Rechtes. Publlished by Musaicum Books.

Schmelzer, Matthias (2016): Selbstveränderung, Kapitalismuskritik, Organisierung: Transformationspotenziale der Degrowth-Bewegung. In: AK Postwachstum (Hg.): Wachstum-Krise und Kritik: Die Grenzen der kapitalistisch-industriellen Lebensweise. Frankfurt am Main/New York, S. 179–200.

Schmidt-Lauber, Brigitta (2007): Das qualitative Interview oder: Die Kunst des Reden-Lassens. In: Göttsch, Silke/Lehmann, Albrecht (Hg.): Methoden der Volkskunde. Positionen, Quellen, Arbeitsweisen der Europäischen Ethnologie. Berlin, S. 169–188.

Schöneberger, Klaus (2004): „Ab Montag wird nicht mehr gearbeitet!" Selbstverwertung und Selbstkontrolle im Prozess der Subjektivierung der Arbeit. In: Hirschfelder, Gunther (2004): Die Virtualisierung der Arbeit: zur Ethnographie neuer Arbeits- und Organisationsformen. Frankfurt am Main [u. a.], S. 239–266.

Schönberger, Klaus (2007): Wiederständigkeit der Biographie. Zu den Grenzen der Entgrenzung neuer Konzepte alltäglicher Lebensführung im Übergang vom fordistischen zum postfordistischen Arbeitsparadigma. In: Seifert, Manfred/Götz, Irene/Huber, Birgit et al. (Hg.): Flexible Biographien? Horizonte und Brüche im Arbeitsleben der Gegenwart. Frankfurt am Main/New York, S. 65–94.

Schönberger, Klaus/Springer, Stefanie (2003): Handlungsräume subjektivierter Arbeit in der Wissensökonomie: eine Einführung. In: dies. (Hg.): Subjektivierte Arbeit. Mensch, Organisation und Technik in einer entgrenzten Arbeitswelt. Frankfurt am Main, S. 7–20.

Schönberger, Klaus/Sutter, Ove (2009). Kommt herunter, reiht euch ein ... Zur Form des Protesthandelns sozialer Bewegungen. In: dies. (Hg.): Kommt herunter, reiht euch ein. Berlin/Hamburg, S. 7–29.

Schönig, Barbara/Kadi, Justin/Schipper, Sebastian (Hg.) (2017): Wohnraum für alle?!: Perspektiven auf Planung, Politik und Architektur. Bielefeld.

Schulz, Walter (1979): Ich und Welt: Philosophie der Subjektivität.

Seifert, Manfred (2009): Prekarisierung der Arbeits- und Lebenswelt. Kulturwissenschaftliche Reflexionen zu Karriere und Potential eines Interpretationsansatzes. In: Götz, Irene/Lemberger, Barbara (Hg.): Prekär arbeiten, prekär leben. Kulturwissenschaftliche Perspektiven auf ein gesellschaftliches Phänomen. Frankfurt am Main, S. 32–53.

Sennett, Richard (1998): Der flexible Mensch – Die Kultur des neuen Kapitalismus. Berlin.

Simmel, Georg (1989): Philosophie des Geldes. Suhrkamp. Frankfurt am Main (Orginal: 1900, Nachdruck der 2. ergänzten Auflage, Leipzig 1907).

Stackelberg, Jürgen von (1999): Jean-Jacques Rousseau: der Weg zurück zur Natur. München.

Steets, Silke (2015): Der sinnhafte Aufbau der gebauten Welt: eine Architektursoziologie. Berlin.

Steffen, Will/Persson, Åsa/Deutsch, Lisa et al. (2011): The Anthropocene: From Global Change to Planetary Stewardship. In: AMBIO (40), S. 739–761.

Strauss, Anselm L. (1998): Grundlagen qualitativer Sozialforschung: Datenanalyse und Theoriebildung in der empirischen und soziologischen Forschung. Stuttgart.

Strauss, Anselm L./Corbin, Juliet (1996): Grounded Theory: Grundlagen Qualitativer Sozialforschung. Weinheim.

Strauss, Anselm L./Glaser, Barney G. (2005). Grounded Theory: Strategien qualitativer Forschung, 2. Auflage. Bern.

Susanka, Sarah/Obolensky, Kira (2001). The Not So Big House: A Blueprint for the Way We Really Live. Newton, CT.

Tenzer, Eva (2014): Einfacher leben: Was brauchen wir wirklich? In: Psychologie Heute, 41 (2), S. 20–25.

Terrier, Jean (2009): Die Verortung der Gesellschaft: Durkheims Verwendung des Begriffs „Substrat". In: Berliner Journal für Soziologie, (19), S. 181–204.

Thoreau, Henry David (1971): Walden und Leben in den Wäldern. Aus dem Amerkanischen von Emmerich, Emma, Vorwort von Richartz, Walter. Zürich.

Thünker, Arnold (1999): Mit Sack und Pack und Gummiboot: die Geschichte des Campings. Kiepenheuer.

Tripold, Thomas (2012): Die Kontinuität romantischer Ideen: Zu den Überzeugungen gegenkultureller Bewegungen. Eine Ideengeschichte. Bielefeld.

Ude, Christian (Hg.): (1990): Wege aus der Wohnungsnot. München/Zürich.

Veblen, Thorstein (1986): Theorie der feinen Leute. Frankfurt am Main (Orginal (1899): The Theory of the Leisure Class. An Economic Study of Institutions. New York).

Veiz, Birgitte (2017): Die Rainbow Family: individuelle und kollektive Identitätskonstruktionen in einer postmodernen Neo-Hippie-Kultur: Ergebnisse einer sozialpsychologischen Feldforschung. Gießen.

Völlinger, Andreas (2010): Im Zeichen des Marktes. Culture Jamming, Kommunikationsguerilla und subkultureller Protest gegen die Logo-Welt der Konsumgesellschaft. Marburg.

Willis, Paul E. (2014): Profane Culture. Princeton University Press.

Wirth, Louis (1938): Urbanism as a Way of Life. In: American Journal of Sociology, 44 (1), S. 1–24.

Witzel, Andreas (1982): Verfahren der qualitativen Sozialforschung. Überlick und Alternativen. Frankfurt am Main.

Wolter, Heike (2009): „Ich harre aus im Land und geh, ihm fremd": die Geschichte des Tourismus in der DDR. Frankfurt am Main.

Quellen

Amler, Felicitas (2018): Dorf mit „Tiny Houses" geplant. Kleine Schritte, winzige Häuser. In: Süddeutsche Zeitung, 7.10.2018. URL: https://www.sueddeutsche.de/muenchen/wolfratshausen/dorf-mit-tiny-houses-geplant-kleine-schritte-winzige-haeuser-1.4160210 [letzter Zugriff 20.1.2019].

Attac. URL: https://www.attac.de/startseite/ [ohne Autor] [letzter Zugriff 20.1.2019].

Baugesetzbuch (BauGB) (Art. 34) Zulässigkeit von Vorhaben innerhalb der im Zusammenhang bebauten Ortsteile. URL: https://www.gesetze-im-internet.de/bbaug/__34.html [letzter Zugriff 20.1.2019].

Bauhaus Campus Berlin. URL: http://bauhauscampus.org/ [letzter Zugriff 20.1.2019].

BBSR (2015): Wohnflächennachfrage in Deutschland bis 2013. URL: https://www.bbsr.bund.de/BBSR/DE/WohnenImmobilien/Wohnungsmarktprognosen/Fachbeitraege/Prognose2030/Prognose2030.html [ohne Autor] [letzter Zugriff 20.1.2019].

BBSR (2015): Wohnflächennachfrage in Deutschland bis 2030. Wohnungsmarktprognose. URL: https://www.bbsr.bund.de/BBSR/DE/WohnenImmobilien/Wohnungsmarktprognosen/Fachbeitraege/Prognose2030/Prognose2030.html [ohne Autor] [letzter Zugriff 20.1.2019].

BBSR (2018): Bezahlbares Wohnen: Strategien und Herausforderungen. Informationen zur Raumentwicklung. IzR 4/2018. URL: https://www.bbsr.bund.deBBSR/DE/Veroeffentlichungen/IzR/2018/4/izr-4-2018.html [ohne Autor] [letzter Zugriff 20.1.2019].

BBSR (2018): Bezahlbares Wohnen: Strategien und Herausforderungen. URL: https://www.bbsr.bund.de/BBSR/DE/Veroeffentlichungen/IzR/2018/4/izr-4-2018.html [ohne Autor] [letzter Zugriff 20.1.2019].

Birk, Ute/Zander, Christoph/Lauffer, Felix (2018): Bezahlbares Wohnen. Einführung. In: BBSR Veröffentlichungen: Informationen zur Raumentwicklung, Heft 4/2018. URL: https://www.bbsr.bund.de/BBSR/DE/Veroeffentlichungen/IzR/2018/4/Inhalt/downloads/einfueh rung.pdf?__blob=publicationFile&v=2 [letzter Zugriff 20.1.2019].

BMAS (2017): Der Fünfte Armuts- und Reichtumsbericht der Bundesregierung, April 2017. URL: https://www.bmas.de/SharedDocs/Downloads/DE/PDF-Pressemitteilungen/2017/5 -arb-kurzfassung.pdf;jsessionid=F15079218611CE055C745498DAE4542C?__blob=publica tionFile&v=5 [ohne Autor] [letzter Zugriff 20.1.2019].

BMJV (2017): Verbraucherportal, Wohnen Energie, Mietpreissbremse. URL: https://www. bmjv.de/DE/Verbraucherportal/WohnenEnergie/Mietpreisbremse/Mietpreisbremse_node. html [ohne Autor] [letzter Zugriff 20.1.2019].

Boneyard Studios: FAQs. URL: https://boneyardstudios.org/faqs/ [letzter Zugriff 20.1.2019].

Braun, Stefan (2018): Grüne im Aufwind. Riesiger Erfolg, riesige Verantwortung. In: Süddeutsche Zeitung, 19.10.2018. URL: https://www.sueddeutsche.de/politik/gruene-landtags wahl-1.4176743 [letzter Zugriff 20.1.2019].

Bund: FRIENDS OF THE EARTH GERMANY. URL: https://www.bund.net/ [letzter Zugriff 20.1.2019].

Bundesmeldegesetz (BMG) (§ 17) Anmeldung, Abmeldung. URL: https://www.gesetze-im -internet.de/bmg/__17.html [letzter Zugriff 20.1.2019].

Bundesministerium der Justiz und für Verbraucherschutz: Fahrzeug-Zulassungsverordnung (FZV) Verordnung über die Zulassung von Fahrzeugen zum Straßenverkehr. URL: https:// www.gesetze-im-internet.de/fzv_2011/BJNR013900011.html [letzter Zugriff 20.1.2019].

Bürgerliches Gesetzbuch (BGB) (Art. 7) Wohnsitz; Begründung und Aufhebung. URL: https://www.gesetze-im-internet.de/bgb/__7.html [letzter Zugriff: 20.1.2019].

Degrowth-Konferenzen. URL: https://www.degrowth.info/de/konferenzen/ [letzter Zugriff 20.1.2019].

dpa-Newskanal (2015): Flexibel und fit, digital und öko – Jugend im Wandel. URL: https:// www.sueddeutsche.de/news/leben/familie-flexibel-und-fit-digital-und-oeko---jugend-im -wandel-dpa.urn-newsml-dpa-com-20090101-150522-99-04696 [letzter Zugriff 20.1.2019].

Engel, Benjamin (2018): Eingetragenes Pilotprojekt. Der Verein für ein Tiny-House-Dorf bei Geretsried ist gegründet. In: Süddeutsche Zeitung, 22. 10. 2018. URL: https://www.sueddeu tsche.de/muenchen/wolfratshausen/einfach-leben-eingetragenes-pilotprojekt-1.4180642 [letzter Zugriff 20. 1. 2019].

epd Film: Kritik zu 100 Dinge. URL: https://www.epd-film.de/filmkritiken/100-dinge [letzter Zugriff 20. 1. 2019].

Expertengespräch Günther Roland.: Die Verteilung der Löhne und Gehälter in Deutschland Interview mit einem Experten des Statistischen Bundesamtes. Auf: Das Erste. URL: https:// www.daserste.de/information/ratgeber-service/geldcheck/wer-verdient-was-er-verdient -interview-statistisches-bundesamt-100.html [letzter Zugriff 20. 1. 2019].

Exploring Alternatives. URL: https://www.youtube.com/channel/UC8EQAfueDGNeqb1AL m0LjHA [letzter Zugriff 20. 1. 2019].

Facebookhomepage/Leonardo di Chiara. URL: https://www.facebook.com/leodikia [letzter Zugriff 20. 1. 2019].

Facebookhomepage/Minimalismus, mit wenig Dingen glücklich. URL: https://www.face book.com/groups/MinimalistenDACH/ http://simplicityinstitute.org/ [letzter Zugriff 20. 1. 2019].

Facebookhomepage/Minimalismus – Weniger ist mehr. URL: https://www.facebook.com/ groups/1661477954106247/?ref=group_browse_new [letzter Zugriff 20. 1. 2019].

Facebookhomepage/Mission Winzig. URL: https://www.facebook.com/missionwinzig/ [letzter Zugriff 20. 1. 2019].

Facebookhomepage/Tiny House Germany. URL: https://www.facebook.com/groups/162634 8404246875/about/ [letzter Zugriff 20. 1. 2019].

Facebookhomepage/Tiny House München und Umgebung. URL: https://www.facebook. com/groups/130698547753009/?ref=group_browse_new [letzter Zugriff 20. 1. 2019].

Facebookhomepage/Tinyhouse University. URL: https://www.facebook.com/tinyhouseuni versity/ [letzter Zugriff 20. 1. 2019].

Facebookveranstaltung/Liebesobjekte. URL: https://www.facebook.com/events/2414907201869381/ [letzter Zugriff 20. 1. 2019].

Fridaysforfuture. URL: https://fridaysforfuture.de/ https://fridaysforfuture.de/ [letzter Zugriff 19. 2. 2020].

GABLER WIRTSCHAFTSLEXIKON: Das Wissen der Experten: Postwachstumsökonomie. URL: https://wirtschaftslexikon.gabler.de/definition/postwachstumsoekonomie-53487 [letzter Zugriff 20. 1. 2019].

Hoben, Anna (2018): Mietpreisbremse. Auch die Stadt selbst muss sich zügeln. In: Süddeutsche Zeitung, 26. 7. 2018. URL: https://www.sueddeutsche.de/muenchen/mietpreisbremse -auch-die-stadt-selbst-muss-sich-zuegeln-1.4069459 [letzter Zugriff 20. 1. 2019].

ICC 2018: APPENDIX Q TINY HOUSES. URL: https://codes.iccsafe.org/content/IRC2018/ appendix-q-tiny-houses?site_type=public [letzter Zugriff 20. 1. 2019].

Kersting, Silke (2018): Die Grünen haben mehr denn je das Zeug zur Regierungspartei. Die Grünen sind derzeit auf Erfolgskurs. Sollte die aktuelle Regierung scheitern, könnte die Partei sofort in Koalitionsverhandlungen einsteigen. In: Handelsblatt, 01. 10. 2018. URL: https:// www.handelsblatt.com/meinung/kommentare/kommentar-die-gruenen-haben-mehr-denn -je-das-zeug-zur-regierungspartei/23133748.html?ticket=ST-154603-mkGSRXcYMhlgpqg2 1faJ-ap5 [letzter Zugriff 20. 1. 2019].

Kruse, Birgit (2018): Gefangen in der Zwischenmiete: In: Süddeutsche Zeitung, 17. 7. 2018. URL: https://www.sueddeutsche.de/muenchen/meinemiete-gefangen-in-der-zwischenmiete -1.4057050 [letzter Zugriff 20. 1. 2019].

Landeshauptstadt München: Mietspiegel für München (2017). URL: http://www.mietspiegel -muenchen.de/broschueren/Mietspiegel_2017_Broschuere.pdf [letzter Zugriff 20. 1. 2019].

Landeshauptstadt München: Sozialreferat, Amt für Wohnen und Migration (2015): Mietspiegel für München 2017. Informationen zur ortsüblichen Miete. URL: http://www.mietspiegel -muenchen.de/broschueren/Mietspiegel_2017_Broschuere.pdf [letzter Zugriff 20. 1. 2019].

Leonardo Di Chiara. URL: http://www.leonardodichiara.it/ [letzter Zugriff 20. 1. 2019].

Liebesobjekte: Tinyhouse. URL: https://www.liebesobjekte.de/tinyhouse/ [letzter Zugriff 20. 0. 2019].

Living Big in A Tiny House. URL: https://www.youtube.com/channel/UCoNTMWgGuXtGPL v9UeJZwBw [letzter Zugriff 20. 1. 2019].

Low Income Housing Institute. URL: https://lihi.org/about/ [letzter Zugriff 20. 1. 2019].

Minimalismusblog/EINFACH BEWUSST. URL: http://www.einfachbewusst.de/minimalis mus/ [letzter Zugriff 20. 1. 2019].

Minimalismusblog/Minimalismus leben. URL: https://www.minimalismus-leben.de/ [letzter Zugriff 20. 1. 2019].

Mission Winzig. URL: https://missionwinzig.wixsite.com/home/projekt [letzter Zugriff 20. 1. 2019].

Mlab: #FL1. URL: http://www.mlab.design/fl1/ [letzter Zugriff 20. 1. 2019].

OHNE Laden. URL: http://www.ohne-laden.de/ [letzter Zugriff 20. 1. 2019].

PICKNWEIGHT Laden. URL: https://picknweight.de/ [letzter Zugriff 20. 1. 2019].

Postwachstumsoekonomie: Zur Person/Werdegang Nico Paech. URL: http://www.post wachstumsoekonomie.de/impressum/ [letzter Zugriff 20. 2. 2020].

Simplicity Institute. URL: http://simplicityinstitute.org/ [letzter Zugriff 20. 1. 2019].

SMALL HOUSE SOCIETY. URL: https://smallhousesociety.net/about/ [letzter Zugriff 20. 1. 2019].

Stadtpark OLGA. URL: http://olga089.blogsport.de/ [letzter Zugriff 20. 1. 2019].

Tchibo: Kleines Haus ganz groß – Wohntrend Tiny Houses exklusiv bei Tchibo! URL: https://www.tchibo.com/servlet/content/1175464/-/pid=310330/starteseite-deutsch/presse/ presseinformationen20180514-tiny-houses.html [letzter Zugriff 20. 1. 2019].

The minimalists. URL: https://www.theminimalists.com/about/#the_mins [letzter Zugriff 20. 1. 2019].

Tiny Home Tours. URL: https://www.youtube.com/channel/UCidJftClM4kU1196YynvqXg [letzter Zugriff 20. 1. 2019].

TINY HOUSE BUILD: National Tiny House Building Code. URL: https://tinyhousebuild. com/code/ [letzter Zugriff: 1. 12. 2018].

Tiny House Diekmann: Dein Tiny House – Individuell wie du. URL: https://www.tiny-house -diekmann.de/ [letzter Zugriff 20. 1. 2019].

Tiny House Village. URL: https://www.tinyhousevillage.de/ [letzter Zugriff: 1. 12. 2018].

Tiny Houses Wohnen auf kleinem Raum: Anbieter in Deutschland und weiteren europäischen Ländern. URL: http://tiny-houses.de/was-sind-tiny-houses/hersteller-in-europa/ [ohne Autor] [letzter Zugriff 20. 1. 2019].

Tiny Houses Wohnen auf kleinem Raum: Tiny Houses auf der Straße. Rechtliche Grundlagen. URL: http://tiny-houses.de/tiny-house-bauen/strasse-verkehr-zulassung-genehmi gung/ [ohne Autor] [letzter Zugriff: 1. 12. 2018].

United Nations (UN) (2015): Transforming our World: The 2030 Agenda for Sustainable Development. Resolution Adopted by the General Assembly. New York. URL: https://sus tainabledevelopment.un.org/content/documents/21252030%20Agenda%20for%20Sustaina ble%20Development%20web.pdf [letzter Zugriff 20. 1. 2019].

VPB (2018): Kauf eines Tiny Houses sorgfältig abwägen. URL: https://www.vpb.de/ presse501_200618.html [ohne Autor] [letzter Zugriff 20. 1. 2019].

Zacharakis, Zacharias (2018): Mietpreise. Regierungsberater fordern weniger sozialen Wohnungsbau. In: Zeit Online, 23. 8. 2018. URL: https://www.zeit.de/wirtschaft/2018-08/miet preise-sozialer-wohnungsbau-mietpreisbremse-wissenschaftlicher-beirat [letzter Zugriff 20. 1. 2019].

Interviews

Interview: Van Bo Le-Mentzel: Projekt *Tinyhouse University*
Interview: Luise Loué: Projekt *Liebesobjekte*
Interview: Leonardo Di Chiara: Projekt *aVOID*
Interview: Max Eule: Containerprojekt *#FL1*
Interview: Fiona und Boris: Projekt *Mission Winzig*

Abbildungsverzeichnis

Abbildung 1, S. 69: Das Tiny House aVOID bei der Projektutopie der Tinyhouse University auf dem Bauhaus Campus in Berlin, ©Leonardo Di Chiara

Abbildung 2, S. 70: Luise Loué vor ihrem Tiny House „Liebsobjekt", ©anneliwest|berlin

Abbildung 3, S. 71: Leonardo in seinem Tiny House εVOID, ©Leonardo Di Chiara

Abbildung 4, S. 73: Max in seinem Container House #FL1 mit Innenansicht des Raumkonzeptes, ©Rodrigo Cardoso

Abbildung 5, S. 74: Außenansicht des Tiny House Mission Winzig, ©Mission Winzig

Ich danke den UrheberInnen für die Übertragung der Abbildungsrechte im Rahmen dieser Publikation.